这是一本帮孩子积累
有声寓言故事

有趣又有料，让孩子轻松成长！

🔖 有声故事
精彩的寓言搭配悦耳的声音，激发孩子想象力，让孩子记住知识、爱上读书。

🔖 阅读打卡
每天一个小故事，轻松培养阅读习惯，坚持30天以上者有机会参加《萌SHOW天下》栏目的录制以及我们后续组织的各种活动。

🔖 家长交流群
进群分享孩子画作，交流育儿经，更有精彩比赛、专家讲座等您参与，家长努力，孩子更棒！

简单三步让孩子成长快人一步！

1 扫码关注"广西科技出版服务"公众号

2 点击进入页面，自主选择所需服务，获取内容

3 使用内容，巩固知识

扫码领科学启蒙资料包

帮孩子认识世界促成长

[有声故事·阅读打卡·交流群]

海代泉科学知识寓言选

海代泉 著

广西科学技术出版社

图书在版编目（CIP）数据

海代泉科学知识寓言选 / 海代泉著. —南宁：广
西科学技术出版社，2019.4
ISBN 978-7-5551-1146-7

Ⅰ. ①海… Ⅱ. ①海… Ⅲ. ①科学知识—儿童读物 ②
寓言—作品集—中国—当代 Ⅳ. ①Z228.1②I277.4

中国版本图书馆 CIP 数据核字（2019）第 018658 号

HAIDAIQUAN KEXUE ZHISHI YUYAN XUAN

海 代 泉 科 学 知 识 寓 言 选

海代泉　著

责任编辑：何杏华　　　　　　　　　　助理编辑：罗绍松
责任印制：韦文印　　　　　　　　　　责任校对：陈叶萍
装帧设计：韦宇星　萌 SHOW 美术工作室　全书插图：王培堃

出 版 人：卢培钊
出　　版：广西科学技术出版社
社　　址：广西南宁市东葛路 66 号　　　　邮政编码：530023
网　　址：http://www.gxkjs.com

经　　销：全国各地新华书店
印　　刷：天津兴湘印务有限公司
地　　址：天津市子牙循环经济产业园区八号路 4 号东区 A－4－1
邮政编码：301605

开　　本：880 mm×1240 mm　1/32
字　　数：165 千字　　　　　　　　　印　　张：9
版　　次：2019 年 4 月第 1 版
印　　次：2020 年 4 月第 2 次印刷
书　　号：ISBN 978-7-5551-1146-7
定　　价：29.80 元

序

　　《海代泉科学知识寓言选》即将由广西科学技术出版社出版，海代泉老先生专程打来电话嘱我写序。由于资历尚浅，面对 82 岁的前辈作家，意外之余，我不免有些忐忑，后生晚辈怎么可以为前辈写序？承蒙海代泉老先生的信任，加之责任编辑何杏华亦一再鼓励，我再三推辞而不得，只好恭敬不如从命。

　　想起一年前，我到柳州拜访海代泉老先生，发现他的案头整齐地摆放着一部书稿。他跟我说，这是他从近 20 年来创作的儿童文学作品中挑出来的科学知识方面的寓言，想结集成一部寓言集，问我是否能帮他联系出版事宜。我欣然应允，于是，就有了这部科学知识寓言选的问世。

　　海代泉 1957 年开始发表作品，1990 年加入中国作家协会。他创作了不少诗歌、散文、小说和童话等，但他最擅长的是寓言写作，已出版寓言集《猫头鹰的疑问》《鹦鹉的诀窍》《驴的忧虑》《变脸的斗士》《小白兔智斗大老虎》《螃蟹为什么横行》等。其中，《鹦鹉的诀窍》于 1988 年获广西首届文艺创作"铜鼓奖"，《螃蟹为什么横行》于 1994 年获全国第五届少数民族文学创作"骏马奖"。这次出版的《海代泉科学知识寓言选》创作历时两年多，经过反复修改、补充而成。该书有两大特征：一是科技题材。书中分为植物、动物、生理知识、天文地理、科学常识等专题。二

是寓言文体。当今儿童文学出版以原创小说、童话及中外经典童话、经典寓言为主，较少涉猎原创的寓言文体。固然有少数优秀的原创科幻小说出版，但科技题材寓言作品在儿童文学出版格局中并未引起足够重视。在这种出版格局下，《海代泉科学知识寓言选》的出版就显得弥足珍贵。这部科技题材寓言选的创作提示了当下儿童文学创作的失衡状态。同时，在原创科技寓言作品日趋衰落的背景下，该书的出版又昭示出边缘文体重获生机的可能。

《海代泉科学知识寓言选》无论从语言形式还是从思想内容来看，都是新世纪中国寓言文学的新收获。纵览全书，海代泉寓言创作主要体现出三种叙事路向。

一是朝向童真。满足儿童对知识的探知欲望是海代泉科技题材寓言创作的心理预期。从接受群体看，儿童年纪小，文化知识浅薄，缺少生活经验，尚处于探知世界的人生阶段。而这部寓言选的显著特征是其所体现的巨大信息量和显在的知识性。这些知识对儿童来说大都是陌生的，属于未知世界。从这个意义上来说，阅读的过程很大程度上就是探秘的旅程。随着叙事推进，一种神秘感伴随着孩子们在阅读的旅行中与作者一同遨游知识的海洋，去探索日常生活背后的科学秘密。

那么，作为创作主体，作者究竟如何才能让吸附着高知识含量的寓言激发小读者的阅读兴趣，并带领孩子们与他一道探寻科学的奥秘呢？我以为，要在文学接受中实现这种精神对接，最重要的前提是需要对儿童的生命、智力和心理保持足够的尊重。当前，有些儿童文学作品"在审美价值上过度成人化，比如对小女孩的衣着打扮完全模仿时尚的摩登女郎，将某些儿童形象描写得过于足智多谋从而显得城府很深，甚至在其中出现大量少年儿童之间爱情故事的情节描写"①，这种书写向度与儿童的人生经历、心理和智力状况是极不相称的。其后果是，很大程度上会妨碍孩子对社会生活的正确认知，往严重处说，甚至会把他们引入歧途。因此，在知识输入的问题上，除了需要照顾到孩子的欣赏口味，作家还不能不尊重孩子的心理意识和智力状态。基于普遍成人化的创作偏向，有学者对儿童文学提出这样的设想："如何在试探、寻索儿童文学的题材与文本边界的努力中，保持与真切、鲜活、生动的童年审美感觉和趣味之间的血肉联系"，或者"如何在儿童生活的普遍书写中，认识、寻求一种独特、纯正、高级的童年文学趣味"。②

所谓朝向童真，就是要求作者将叙述姿态降低到儿童的层次，通过儿童视角去观察事物，以儿童心理去描述动植物的生长习性。毕竟科学知识是相对枯燥的，因此作者有必要根据儿童心理特点去揣摩那些没有情感也没有思维的事物，并对之进行人格化的艺术处理，改造成适合儿童阅读的形象。海代泉在寓言标题的命名上就做出了这种努力。有些标题是拟人化的，如《太阳公公的七个儿女》《大树的梦》《小花猫剪胡子》《鲨鱼告状》《动物气象员》；有些标题是颠覆常识的，如《植物也有感觉》《会吃虫的猪笼草》《没翅膀动物的飞行比赛》《鱼

①陈香：《对话方卫平：如何评价新世纪中国儿童文学？》，《中华读书报》2018年10月10日第016版。
②贾秋彦：《儿童文学出版审美的价值定位、失范与实现路径》，《出版发行研究》2018年第3期。

也能离开水》《小鲫鱼变形记》《羊毛不都出在羊身上》。看到这些既风趣又令人深思的标题，可以想见，孩子们的阅读兴趣定会油然而生。

海代泉创作的童真化是以虚构形象来完成的。以《想帮花朵做好事的小蚂蚁》为例，作品描写蜜蜂是如何采花传粉的，却没有止于采花传粉的一般性描述，而是在蜜蜂的形象之外，设置了另一个对照物——小蚂蚁的形象与之构成对比，说明生活中的事理。对照物的设置及其所贯穿的类比逻辑，使小蚂蚁、蜜蜂与桃花之间的对话过程变得曲折有致、充满稚气而又不失情理。这种艺术效果的取得，归功于作者将叙述视线降低到儿童的层次，让寓言的讲述更贴近儿童充满好奇心和喜欢对比的欣赏心理，同时也创生了一道不乏童真之气的趣味线。

更重要的是，海代泉作品中动植物的交谈及对话中的情理和逻辑，通过文学阅读无形中参与了儿童的生命成长，促进儿童理性思维的形成，实现儿童健康人格的塑造。从创作角度来看，每则寓言的写作都离不开儿童思维的参与，都是儿童思维与审美思维的"化合物"。如《山雀交朋友》，通过山雀与啄木鸟愉快合作、保护绿色森林、共同御敌的画面，鼓励儿童多做一些对人类、对社会有益的事情，劝人向善、和谐共存的价值诉求非常明显。不难看出，向善的人格是海代泉寓言建构艺术形象、确立价值目标的道德根基。又如《各有各的习惯》，这是一则以植物为审美对象的寓言。人们常说"春暖花开"，这是常识。但作者从梅树反常的行为发掘严冬开花的意义。这篇寓言告诉我们，飞行动物、花草树木都有各自的生长习性，不可一概而论。接下来从梅树的视角指出其开花时节的错位和反常，而梅树在冬季开花是为人们报春的，其所昭示的是积极奉献的精神，这种意义的揭示就把叙述目标导向了儿童德育范畴。

这些锻造儿童文化人格、科学思维，培育儿童价值情操的寓言中，部分是从反面来说明道理的。那些啼笑皆非的结局，皆以童真、童趣见哲理。以《鹦鹉学舌》为例，鹦鹉在不同场合"讲"同样的话，主人的态度却截然相反。这种不分情况变化而以同样办法解决问题的死板思维，定然令小读者捧腹大笑。《乌龟的老经验》同样如此。乌龟先是遇到狐狸，它的办法是把头缩进坚硬的壳里，使狐狸无从下手，因此逃过一劫。而后来碰到体型巨大又凶恶无比的胡兀鹰，乌龟以同样的办法应对，结果成了胡兀鹰的盘中餐。又如《想帮花朵做好事的小蚂蚁》，作者通过小蚂蚁想模仿蜜蜂帮桃花采花传粉遭到拒绝的过程的描述，向小朋友传达出一种向善的情感伦理。小蚂蚁不但没能帮上忙，它身上分泌的蚁酸反而会对花粉起到破坏作用，善意的想法最终未能变为现实。这则寓言告诉我们，不管自身条件是否符合，只凭良好的愿望和一腔热情，不但不能实现预期的目标，还可能造成适得其反的后果。小蚂蚁的思维显示出不成熟的幼儿特征，而寓言在结尾则实现了一种思维的矫正。

二是朝向知识。丰富的知识含量是儿童文学出版的主要价值追求。"儿童旺盛的求知欲决定了具有丰富知识审美价值追求的儿童文学出版物能在更大程度上受到儿童的欢迎。"[1]海代

---

①秦文君：《漫谈儿童文学的价值》，《南方文坛》2007年第1期。

泉创作该书的目的是向少年儿童介绍科学知识，于是他尽可能将生活知识、科学常识和最新科学发现融入形象化的描写中和生动有趣的对话里，以寓言的形式为他们打开现代科学知识的求知大门。如果孩子们在阅读后，能引起对科学知识的重视，进一步深入了解科学，热爱科学，那他的创作意图也就实现了，甚而感到快慰。从科普角度来看，在目前适合小学中低年级学生阅读的"桥梁书"较少①的情况下，这部科学知识寓言选的出版价值是不言而喻的。

　　而科技题材寓言的创作，对海代泉来说，不只意味着给少儿读者"传道""授业""解惑"，更多是在不失趣味性和童真性的前提下，通过形而下的描写升腾出形而上的人生哲理。从这个意义上看，寓教于乐的审美原则对寓言写作来说依然是适用的，而且显得更为必要。儿童阅读虽然追求趣味性的效果，但是增长见识、培养情操无疑是其终极的阅读期待。

　　从创作目标来看，力图将科学知识尤其是世界最新科学技术成果艺术化地传达给小读者，是海代泉寓言写作的第一要义。无论是以植物、动物及其生长习性为描写对象的作品，还是有关生理卫生、天文地理、科学常识的篇章，给小读者传输的知识养料都是异常丰富的。《昆虫遇险记》描述各类昆虫在遇到危险时如何各显神通使出百般本领，巧妙避开杀身之祸。《不会飞的鸟》通过公鸡与苍鹰的对话，让小读者了解到南极的企鹅，

---

① 李学谦：《从出版看原创儿童文学的发展》，《文艺报》2017年10月16日第003版。

非洲的鸵鸟，毛里斯岛的渡渡鸟、阔嘴鹦鹉，新西兰群岛的恐鸟都和公鸡一样，虽然长有翅膀，但是丧失了飞行的能力。作者借此喻示，任何事物，用则进化，不用则退化。《骄傲的北极星》既有鲜为人知的天文知识，又表明在日常生活中不要以自我为中心，更不能因为一点成绩就骄傲甚至狂妄。万事万物都在变化中，1.2万年后，北极星的位置将会被织女星所取代，今天的中心在明天可能就沦为边缘。

　　就科学知识本身来讲，这部寓言选既有常识性的科学知识的审美传达，又对世界最新科技成果投以相当的关注。海代泉意欲将最前沿的科技发展动态通过寓言的形式介绍给小读者。《谁的能量大》向小读者呈现了铀元素作为"能量大力士"的神奇。铀是自然界中能够找到的最重元素，它通过核裂变反应和核聚变反应可释放出巨大的能量。《血液和心脏》告诉小读者心脏工作的原理，同时还介绍了最新研制出的新型人造心脏。这种心脏是用金属材料肽制造的，它的体积小于大拇指，功能相当于微型泵。但人造心脏并不能代替整个心脏，而是安装在心脏内部，运行时每分钟将10升血液从心脏泵进动脉中。作品以形象化的描述将这些科技前沿动态传达给小读者，促发孩子们养成勤于思考的习惯，激发孩子们对科学世界的探知欲望。

　　三是朝向审美。儿童文学是诗性智慧的展现。为了避免枯燥的说教，这部寓言选力求做到深入浅出，通过拟人、比喻等修辞方法，使用对话形式来增强阅读的趣味性。寓言的艺术呈现方式是儿童进入神秘世界的重要通道，也必然是考验作者文学审美能力的重要指标。因为寓言作为一种文体，旨在以审美

的方式塑造形象，传达哲理。语言、叙述、视角、形象等艺术手段的使用及使用得如何，都直接关涉文学接受的效果。

就艺术形式来看，海代泉多以拟人的对话形式来激活叙述，推动故事情节的发展，同时，创作主体自觉地把事物当作一个生命体，并赋予其性格特征。为了吸引小读者，作者将动植物进行生命化、人格化等艺术处理，使它们具有人的情感和逻辑，而不是把理念生硬地套在它们身上，任意摆布，颐指气使，更不是把科学知识直接灌输给小读者。借助艺术形象之间的对话，在对话中透露科学知识及生活中隐含的事理，更易让儿童重视作品的审美性，而不只是以获取知识为目的，这是海代泉寓言的创作理念。

从叙事模式来看，海代泉寓言作品中，谜团打开的过程构成寓言的中心线索。为了完成主题表达，作者惯于塑造一个"质疑者"形象，而这个"质疑者"与"揭示者"的对话构成叙事的动力源。《花生的秘密》中的乌鸦就充当了质疑者，而花生秧和土壤则扮演揭示者的角色。起先，花生秧说，花生是结在土壤里的。乌鸦不信，于是问土壤。土壤耐心地讲述花生仁的发育过程，子房柄能否插进土壤，决定着子房能否受到刺激而获得发育，花生最终能否结实。乌鸦的质问步步紧逼，迷雾层层拨开。乌鸦的形象犹如土壤所埋怨的那样，"你真是个怀疑主义者，怀疑这样，怀疑那样"，这个"怀疑主义者"形象的塑造不但能促成谜团的揭开和问题的解决，更重要的是，有利于培育孩子敢于质疑的精神，形成一种打破定向思维和惯常意识的独立人格。

海代泉寓言善于勾勒性格鲜明的艺术形象，寥寥数笔，独具特色的艺术形象便呼之欲出，栩栩如生，过目难忘。以《不认母的佛像珍珠》为例，这则寓言同样在对话中展开故事的叙述。佛像珍珠从沐浴者的饰品上脱落，掉到了沙滩上。这是一颗名贵珍珠，应该很容易被其他沐浴者发现，拾入囊中。但作者并未以惯常模式展开叙述，而是让这颗佛像珍珠与一只母贝相逢。这就让故事披上了传奇的外衣，同时让珍珠的命运有了多种可能性。更重要的是，这种故事开端的设置为佛像珍珠的性格塑造提供了更大的空间。佛像珍珠当然把自己当作人们心中的掌上明珠，无比高贵。母贝的丑陋与佛像珍珠的美丽形成鲜明对照。佛像珍珠无法认同母贝的说法，拒绝承认自我的真实出身。因此，珍珠与母贝的亲缘关系是接下来两者争论的焦点。当佛像珍珠恶狠狠地对母贝说"你这居心叵测的丑八怪，怎么配同我在一起，快滚远点"时，佛像珍珠对自我真实出身的质疑开始转向彻底的否定，彰显了浅薄者骄傲自大的性格特征。而从文化人类学视角来看，佛像珍珠对自我身份的否认隐喻着人类存在中自我认识的误区和自我身份认同危机的现代性焦虑。这则寓言除了告诫儿童不能骄傲自满，要敢于正视缺点和问题，同时也将灵魂中那个真实的"自我"（母贝）推向了前台，批判的锋芒指向历史虚无主义态度。

最后不能不谈的是散见于每篇寓言中的插图，这些插图是这部寓言选的趣味生长点。书稿交给出版社后，我与责任编辑何杏华谈到有关插图的问题，一致认为，从阅读效果上来说，插图应该成为童书的有机组成部分，可以让这部寓言选锦上添花。于是，82岁的海代泉老先生邀请到他的老友、78岁的著名画家王培堃

老先生，根据每篇寓言的题材创作了相应的插图，与作品的故事内容相得益彰。不难看出，这些插图是他们友情的见证，呈示出老画家与老作家之间的高度默契。作为寓言作品内容的一种视觉呈现，它不仅避免了纯文字版本的单调压抑之感，而且为小读者理解和把握寓言故事提供了重要参照。同时，童书对儿童的意义不仅在于开阔视野、增长见识，更重要的是认知能力和审美能力的提升。基于这样的考虑，王培堃老先生把插图画成了黑白的线条图，留出空间给小读者涂色构形，让小读者的文学阅读成为一种再创作的过程，以此激发他们的想象力和创造力。

需要补充说明的是，2018 年是改革开放 40 周年，也是广西壮族自治区成立 60 周年，而 2019 年是中华人民共和国成立 70 周年，在这样的喜庆时节，两位德高望重的广西老文艺家联手打造了这部童书，无论是对广西儿童文学发展还是对广西童书出版事业来说，都是非常有意义的。他们亲历了改革开放 40 年来的文学与艺术发展过程，因此，相较于青年作家的寓言创作，他们的人生阅历和审美经验的积累，皆为这部寓言选的历史视野和文化厚度提供了充分的保障。

王 迅

2019 年 1 月

（王迅，青年学者、批评家，中国现代文学馆客座研究员。）

目录

每天读个小故事，
扫码打卡养成好习惯！
[有声故事·阅读打卡·交流群]

植物篇

 **动物篇**

 生理知识篇

天文地理篇

科学常识篇

植物篇

根深才能叶茂

豆芽对莲花说："莲花姐姐，我最佩服你，身子亭亭玉立于水中，很干净，很漂亮，别人都说你'出淤泥而不染'。"

莲花听了豆芽的话，说："豆芽，你错了，我不但根长在淤泥里，连茎也长在淤泥里。"

"你的茎怎么能长在淤泥里呢？不会被水泡烂吗？"豆芽问道。

"我的茎就是莲藕呀，"莲花耐心地说，"它深深地埋在池塘中的淤泥里，藕节之间长着根。藕里有许多大小不同的孔洞，这是藕的气腔。空气从叶尖经过气腔抵达我的根部。根系有了这条可靠的空气供应线，就可以得到所需要的氧气。因此埋在淤泥里的根和茎是不会被泡烂的。"

"别人都说'藕断丝连'又是怎么回事呀？"豆芽好奇地问。

莲花回答说："藕丝是由3—8根细丝所组成的，并且像弹簧一样螺旋式地盘曲着，拉拉它会变长，一放手又会缩短，藕丝拉长不断的秘密就在这里。"

"别的植物也有丝，为什么又拉得断呢？"豆芽还是不明白。

"藕丝是导管和管胞次生壁的产物，是从藕的螺旋带状导管或管胞里抽出来的。在其他植物的导管或管胞中，虽然也可以有次生壁产物形成，但是它们不形成螺旋式或圆环状

的细丝，因此，其他植物一拉就断，不能像藕丝一样抽成长长的细丝。"莲花耐心地解释。

"莲花姐姐，你把根长在脏得要命的泥土里有什么用处？"豆芽又问道。

"没有根就没有姹紫嫣红的鲜花，就没有丰硕的果实，就没有我们繁茂的植物世界。一年龄苹果树苗的根，有38000多条；一株小麦的根毛接起来，总长可达20千米；一株玉米长到8片叶子的时候，侧根的数目就有8000—10000条。根在泥土里都扎得很深，有的植物的根，入土深度比地面部分还长。一株棉花在土中，根深可达3米以上；而在沙漠中的骆驼刺，根深可达20米。植物利用强大的根系深入土壤中，吸取水分和养料，并且支持着地上的部分。例如要结出1千克麦粒，就需要300—400千克水。植物喝水量这么大，靠谁来供应？当然要依靠根从土壤中吸收。人们常利用植物的根来固定堤坝，防止水冲走泥土；还用植物的根来固定沙漠，防止风刮走沙粒。有些植物的根膨大起来，可以作为贮存养料的仓库，如我们熟悉的萝卜、红薯等。你说根有用吗？"莲花结束了它的长谈，它忽然发现豆芽的根是裸露着的，于是问道："你的根为什么要离开泥土呢？"

"这……"莲花提出的问题使豆芽害怕得答不出话来。它低头看看自己光秃秃的根部，不知道该怎么办才好。它想再扎进泥土里，可惜太晚了，只能枯萎了。

爬高的牵牛花

　　小松树下面长着一株牵牛花。有一天，小松树感觉脚底下痒痒的，它低头一看，才发现是牵牛花的卷须触着它的脚了。

　　"小松树，你好！让我爬到你身上来同你做伴。"牵牛花抬起头来说。

　　"哈哈，看你浑身没有一点劲儿，又没长脚，怎么能爬到我身上呢？"

　　"别小看人，我会爬到你身上来的。"牵牛花有些不高兴地说。

　　过了一段时间，小松树感到周身痒痒的，它低头一看，原来是牵牛花真的爬上来了。牵牛花用它细长的身子缠住小松树的身体，还开着一朵朵紫红色的喇叭花，脸不红，气不喘，心不跳。

　　"小松树，你看看，我不是真的爬上来了嘛！"牵牛花调皮地说。

　　"嚯，你果然有本事，可你是怎样爬上来的呀？"小松树惊奇地问。

　　"你知道吗？在我的身体里有一种生长素，它能加速细胞的生长，但它浓度高的时候反而会抑制细胞生长。因此，我依靠调节身体里的生长素浓度的高低，使茎的生长速度不一致，我让左边生长快些，所以是用左旋方式往你的身上爬。其他缠绕藤本植物有些是以右旋方式缠绕而上的，有些却是或左或右随时可以改变方向的。"

"你为什么要辛辛苦苦往我身上爬呢？"小松树有些不明白。

"因为爬到高点的地方，我能够获得较多的阳光和空气，使自己生长发育得更好，也有利于后代的繁衍。"牵牛花回答说。

"那你为什么不依靠自身的力量，长得又高又大来获得较多的阳光和空气呢？"小松树还是不明白。

"你知道像你长到这么高大，需要许多时间，而我依靠你不但节省了很多消耗在基干和枝条上的能量，而且在不到一年的时间内就达到了目的，这不是很符合经济原则嘛。"牵牛花坦白地说。

"原来你还是位经济学家，真令人佩服！"小松树总算弄明白了这个问题。

"牵牛花老弟，你爬得好高呀！"这时附近菜园里爬在瓜棚上的黄瓜大声招呼。

"黄瓜老兄，你又是怎样爬到瓜棚上的呢？"牵牛花问道。

"我是利用由茎变成的许多敏感的卷须，攀缘支撑物向上生长的。"黄瓜大声说。

"你的本领也不小哇！"小松树也看见了黄瓜。

"我算不了什么，常春藤、爬山虎才厉害呢，它们随处生根，随处蔓延，有墙爬墙，有树爬树，爬在墙壁上，不需要多长时间就会变成绿油油的一片。"黄瓜谦虚地说。

万紫千红哪里来

星期天，妈妈带着玲玲去公园玩。当她们走过花圃时，看见里面的许多花儿开了，有的是红的，有的是蓝的，有的是紫的……很好看。

妈妈和玲玲在花圃外的草地上坐了下来。"玲玲，你知道花儿为什么有颜色吗？"妈妈问道。

"听奶奶说，有一位花仙子专门管理一切花朵，她想要一种花呈现什么颜色，只需用手一指，那种花从此就会是她想要的颜色。"玲玲回答说。

"不对，奶奶给你讲的是神话，其实并没有什么花仙子。"妈妈不同意。

"那是画家叔叔用颜料涂上去的呗。"有一次，玲玲看见一位画家叔叔画花儿。

"不对，花儿的颜色是自己长出来的。"妈妈摇摇头说。

"花儿为什么会长出不同的颜色来呢？"玲玲问。

妈妈回答说："花儿有各种美丽的颜色，只因为花瓣的细胞里长着一种色素。"

"为什么山茶花是鲜红的，树上的桃花又是粉红的

呢？"玲玲一眼看见花圃里的山茶花。

"这是因为花瓣里有一位叫'花青素'的魔术师在变戏法，它遇到酸性物质就变成红色，遇到碱性物质就变成蓝色。由于酸碱浓度不同，所变颜色的深浅也不一样，酸性浓的就变成鲜红，较淡的就变成粉红。"

"那菊花为什么是黄色的呢？"玲玲突然又看见了花圃里的菊花。

"因为菊花的花瓣中有一位叫'胡萝卜素'的魔术师，这是它的杰作。胡萝卜素最初是在胡萝卜里发现的，共有60多种，它和极淡的花青素配合，就变为橙色。含有胡萝卜素的花能变得五彩斑斓，这完全是花青素和其他色素的化合作用以及花青素含量的多少所造成的。"

"为什么这些小野花是白色的呢？在它里面又含有什么素呢？"玲玲从草地上摘了一朵小白花。

妈妈接过玲玲手中的小花，说："白色的花花瓣里没有色素，只是充满了无数小气泡。"妈妈用手紧捏花瓣，递给玲玲，说："现在我把小气泡都挤掉，你看是什么颜色。"

"没有颜色了。"

妈妈点点头，说："对，是透明的。还有的花是绿色的，这是因为花瓣里含有叶绿素的缘故。"

玲玲终于弄懂了花儿的颜色是从哪儿来的了。

一棵向日葵

地里有一棵向日葵开花了，像一张娇艳的脸向着太阳笑呢。看见的人都说这葵花真美，一位著名的画家还为它画了一幅《葵花朵朵向阳开》的油画，在画展上获了奖。葵花听到人们对它的赞美太多了，感到很不安，尤其是当它低头看见下面衬托着自己的绿叶，更感到过意不去。

"绿叶，我知道你才是我们的命根子，"葵花诚恳地说，"是你拿身体里的叶绿素来进行独特的光合作用，制造出我们生长所需要的一切养料。你才是最值得赞美的。"

"那只是在尽我的责任罢了，算不了什么。"绿叶平淡地说。

"不，你就是伟大。"葵花激动起来，"听科学家说，地球上的植物利用它们的叶子，每年通过光合作用，把7000亿吨二氧化碳和水合成5000亿吨有机物，养活了几十亿人类和无数动物。同时在光合作用过程中，绿色植物还释放出氧气，使所有的需氧生物不至于被憋死。"

"我虽然能够通过身体内的叶绿素进行光合作用，但是还得靠深埋在地下的根。"绿叶充满感情地说，"科学家说，一棵向日葵单在一个夏天就要喝200—300千克水，这要

靠谁来供应呢？是根啊。先是土壤里的水渗透到叶肉细胞中，另一原料——空气中的二氧化碳也不断通过叶子表皮层的气孔钻到叶子里面，溶解在水中，然后进入叶肉细胞。叶绿素吸收阳光以后，变得非常活跃，把根从土壤中吸收的水分分解为氢和氧两种物质，氧气跑到空气中去，叶绿素抓住剩下的氢，再拉住从气孔中钻进来的二氧化碳，经过一系列的转化过程，形成了葡萄糖，葡萄糖又变成淀粉和其他物质。根还供给我们生长所需要的氮、磷、钾、硫等各种物质做养料。你看根多么伟大。"

这时根说话了："绿叶，请别夸我了，其实花的作用也是很了不起的。花是植物的生殖器官。花的下面生有短柄，叫花柄；花柄上面有个杯状的构造，叫花托；花托最外面有萼片，组成花萼。花萼包着未开的花蕾，起保护作用；花萼里面是花冠，合称花蕊；线状的叫花丝；顶端那个带黄色的小球叫花药，是制造花粉的。花中央那个长颈状的东西是雌蕊，经蜜蜂、蝴蝶授粉后，下面膨大的部分将来变成果实，里面的胚珠发育成种子。因为有了花，我们才能世世代代生存下去。因为有了葵花，我们才能结出人们需要的葵瓜子。"

葵花更不好意思了，它说："我深深地感到我们是一个不可分割的整体，同你们在一起，我特别幸福。"

要开花的竹子

它是在一场春雨后长出来的，长啊，长啊，它长成了一棵高大挺拔的大青竹。它看见周围许多长绿叶的同伴，像桃树、李树，都开过红的、白的花朵，十分羡慕。

"你怎么不开花呀？"桃树问它。

"你大概是天生不会开花的吧？"李树也来讽刺它。

"是呀，我连花都没开过，真是没用！"它十分羞愧地想。

它的内心活动被身边的竹爷爷猜到了，竹爷爷对它说："孩子，别听它们的挑唆，我们竹子开花了会死的。"

可惜它并没有把竹爷爷的话听进去。

有一次刚好碰上天旱，而且旱了很久，它拼命开出花来，正当它向周围的竹子炫耀时，它的身体慢慢枯萎了。

竹子开花后，为什么会枯死呢？原来，开花对竹子来说是一种特殊的生理现象，一般发生在竹子严重缺水、营养不足、光合作用减弱等的时候。

大青竹终于被它的虚荣心夺去了生命。

寄生和附生

有个农民看见自己种的一棵树上长满了另一种植物，这种植物密密麻麻的叶子顺着大树肥厚多肉的根状茎紧紧地贴在树干上面。他不禁大吃一惊：这不是长了寄生物嘛！他以前种的荨麻就是被在附近地里钻出来的小白蛇似的细苗爬上去缠死的。那种植物叫菟丝子，它顺着荨麻茎向上爬时，越缠越紧，并用小小的吸盘伸入荨麻茎内，吸取里面的养分。所以他恨死这种损人利己的"寄生虫"了。

现在如果让这种植物发展下去，这棵树一定活不成了。"你这个'寄生虫'，看我来收拾你！"他马上过去要把树上的这种植物清除掉。

"哎呀，请你莫动手，我叫槲蕨，可不是什么'寄生虫'。"槲蕨大声申辩。

"怎么证明你不是'寄生虫'呢？"农民只好停下来问道。

"你看，我身上的这种卵形小叶会进行光合作用，植物学上叫作营养叶；我的肥粗的根茎可以贮藏水分，又能储存叶子制造的营养物质；斜贴在根茎上的营养叶与根条之间有个空隙，随风吹来的尘土积聚在这里，就能把雨水吸贮住。因此我不需要大树供给我什么东西，我完全能够自食其力。"

"那你为什么要爬到树上去呢?"农民将信将疑地问。

"那是因为树上的阳光充足,我可以多晒些太阳,更好地进行光合作用。"

"原来是这样,我差点好坏不分,干出傻事。"农民抱歉地对槲蕨说。

树叶的告别

天气渐渐冷了，北风呼呼地吹着。一棵大树上的叶子慢慢发黄了，黄叶毅然同树枝告别。

树枝对离去的黄叶说："我们在一起相处很久了，你为大树的繁茂做了很多工作，是有功劳的，为什么要离开这里呢？"

黄叶解释说："我过去为大树进行光合作用，这是应尽的责任。现在我已经不能胜任这份工作了，所以应该让出位置由新生的嫩叶来代替我。"

黄叶终于从树上飘落下来，化作滋养大树的肥料。

原来，树叶表面上有许多小气孔，树里面大量的水分就从这些小气孔中被蒸发掉。天气暖和的时候，雨水多，树木不缺水。到了秋天以后，雨水减少，天气干燥起来，树根给树叶传送的水分少了，树叶就慢慢枯萎变黄，只有落掉树叶，树里面的水分才不容易跑掉，大树才能够安全过冬。

枫叶的真心话

秋天来了，枫树的叶子变红了，远远看去像一丛丛燃烧的火焰。

"枫叶，你真是树叶中的杰出英雄，傲霜斗雪，越老越红，不像我，天气一冷就变成了无用的黄叶。"旁边另一棵树上快要掉落的黄叶说。

"好兄弟，你千万不要这样想，我们身上的颜色变化，并不能说明谁是英雄，谁是没用的家伙。"枫叶诚恳地说。

"那应当怎么认识这个问题？"黄叶问道。

"我们身上都有叶绿素，所以是绿色的。天冷了，叶绿素被破坏了，叶黄素就显露出来，这样绿叶就会变成黄叶。"

"那你怎么会变成红色的呢？"黄叶追问道。

"那是我的叶子里有另一种叫花青素的色素，到了秋天就显现出来，绿叶就变成了红叶。"

"原来是这样，感谢你对我讲了真心话。"黄叶高兴地说。

真花与假花

窗台上精致的花瓶里插着塑料玫瑰花，翠绿的叶子衬托着鲜红的花瓣，显得异常娇艳、华贵。

窗外的草丛里，开着一片野生的小白花，它们并不显眼，然而却是一朵朵有生命的花。这时，从远方飞来一只小蜜蜂，它对塑料玫瑰花连看都不看一眼，便迅速飞到窗外的小白花旁，围着小白花唱歌、跳舞。

塑料玫瑰花受到了冷落，难过得几乎要掉下泪来，它不服气地大声把小蜜蜂喊到跟前问道："你为什么避开我，好好地看一看吧，难道我连普通的小白花也比不上吗？"

小蜜蜂诚恳地对塑料玫瑰花说："小白花从外表看是比不上你，但它能将酿蜜的花粉无私地奉献出来，可是你呢？"

假的就是假的，打扮得再漂亮也没有用处。

坚强的冬小麦

严寒张开了巨大的罗网，把雪花纷纷扬扬地撒向大地，田野上的一切仿佛都被大雪压服了。这时只见冬小麦用它那短剑般的叶子刺破雪层，从容地向四周张望。

冬小麦对严寒的恐吓一点也不害怕，依然倔强地挺着叶子，环顾四周。雪越下越大，最后几乎把冬小麦埋起来了。严寒以为把冬小麦冻死了，洋洋自得地说："唔，总算把你压服了！"

这时，冬小麦正在与雪花交朋友呢。

冬小麦对雪花说："雪花，你来啦，我不但不感到冷，反而觉得更暖和了。"

雪花高兴地说："其实我并不是花，花都长着五个瓣儿，而我们多是六角形的，有的呈星状，有的呈板状，有的呈柱状……我们之间很疏松，有许多空隙，当中充满了空气。"

"我懂了，你和你的伙伴的到来，就好像一床厚厚的'棉被'盖在我们身上，不但可以挡住寒冷的侵袭，还可以使地上的热量不容易散失，所以我们就更不怕严寒了。"冬小麦感激地说。

"所以人们都说'瑞雪兆丰年'，这说明我们雪是给你们带来好处的。"

冬小麦俏皮地说："只有严寒愚蠢地拿你们来作为降伏生命的武器。"

雪花就这样同冬小麦拥抱着度过了一个漫长的冬天。

严冬过去了，严寒被春风驱逐，大地冰雪消融。冬小麦被春风唤醒后，大口地喝着融化的雪水，感到特别滋润，浑身有力，一个劲地猛长。经过这场磨炼，它更加顽强了，用它长得更长更翠绿的叶片为大地点缀美好的春光，只是它仍然常常怀念它的好朋友——雪花。

25

植物靠什么生长

小花狗经常在水塘边的柳树下玩耍。有一天它突然想：为什么总看不到柳树吃东西，不吃东西怎么能够活下去呢？

"柳树呀，你怎么总不吃东西呢？我就不同了，主人天天喂我剩饭和菜，有时还能吃到美味的肉骨头。"小花狗说。

柳树摇摇头，说："你说我总不吃东西，这是不对的。其实我时刻都在吃东西，尤其是太阳出来的时候，只不过我吃的东西同你吃的不同。"

"那你吃什么，又是怎样吃的呀？"

柳树想了一会儿，说："我的叶片里的叶绿素在太阳光的照射下，吸收空气里的二氧化碳，放出氧气，同时制造出我身体需要的营养物质——糖类和淀粉，这就是光合作用。当然除此之外，我的根还要吸收水分，吸收土壤里的肥料。"

"那我也可以进行光合作用吗？"小花狗好奇地问道。

"你是动物，和我们植物是不同的，因为在你的身体内没有叶绿素。"

小花狗又追问道："叶绿素很重要吗？"

"当然很重要！没有叶绿素是进行不了光合作用的。"柳树耐心地说，"我们植物利用光能把水分解成氢和氧，释放出氧气后，把氢和二氧化碳结合，形成碳水化合物，这就是我们植物的主要营养物质。"

小花狗终于弄懂柳树是怎样生长起来的了。

不畏严寒的雪莲

雪花问雪莲："我知道一般花儿都生长在温暖的地方，你却生长在冰天雪地的雪山上，难道不害怕冻坏吗？"

雪莲微笑着说："作为植物，要说一点儿也不怕冷，那是不可能的，但只要有和寒冷做斗争的决心，做好御寒的准备，就不怕冷了。"

"请你告诉我，你是怎样同寒冷做斗争的，好吗？"

"首先，我的根是扎在岩石缝里的。"雪莲对雪花说。

"扎根岩石缝与不怕寒冷有什么关系？"雪花问。

"我将根扎进去，里面积有泥土，冰雪是进不去的，除非是化成了水才能进去。这样我的根就不会被冻坏。"雪莲解释说。

"你露在外面的叶子和茎就不怕被冻坏？"雪花追问道。

"我的个子长得很矮，差不多贴着地面，这样就能够避免风雪带来的伤害。而且我身上有许多细小的茸毛，就像穿上了一件厚厚的棉衣，这样就可以抵御严寒。"雪莲诚恳地说。

"你竟敢在冰雪中开花，不怕娇嫩的花朵被冻坏吗？"

雪花又问道。

　　"你观察东西不细心，有点粗枝大叶了，没有看见我的花上包裹着一层银白色、毛茸茸的花苞，有了这层花苞，花朵就能在里面保温、保暖。这些装备都是我长期进化的结果，所以才能在严寒的雪山上生长。"

　　雪花听了雪莲说明的理由，终于弄懂了雪莲不畏严寒的原因。

胎生的红树

大海在翻动着碧波，生长在海边的椰子树和树根浸在海水里的红树攀谈起来。

"我总是想方设法让我的后代到远方去生长，不像你舍不得让它们离开你。"椰子树自豪地说，还带有轻视红树的意思。

红树摇摇身子，辩解说："我跟你不同。我并非要留住子女承欢膝下，当然也不想像你那样孤孤单单。"

"我的确有点孤单，但是当我知道我的家族遍布热带沿海和岛屿时，我就感到很大的安慰。"椰子树坦率地说。

"你是怎样繁殖你的后代的呢？"红树问道。

"我将我的种子掉进海水里，让它们随波逐流，海水会将它们送往远方。"

"那你不担心种子被海水浸坏吗？"红树又问道。

"一点也不担心。因为我的种子是一种核果，外果皮是粗松的木质，中间是由坚固的棕色纤维构成的，它们成熟后掉进海水里，像皮球一样漂浮在水面上，不会烂掉，有的随海水漂流数千里，一旦遇到浅滩或被海浪冲到岸边，只要环境适宜，它们就在那里定居下来，发芽生长，长成一棵新的椰子树。"

"可是，我与你不同，我的种子都是胎生的。"红树老实说。

"什么，我们植物也有胎生的？你搞错了吧？"椰子树感到十分惊奇。

"是的，我们红树都是胎生的。"

"怎么才算是胎生呢？"椰子树好奇地打听。

"一般植物的种子成熟后，要经过一段时间休眠，于适当的条件下在土壤中生根发芽。可是我们红树在结果后，种子的胚胎不经过休眠就直接在果实中萌发，然后脱离果实，由于它下部粗重，垂直下坠钻入泥土中，并且形成新的植株，像这种情况就是'胎生植物'。"红树解释说。

"我还是有点不明白，你为什么一定要种子胎生呢，将种子先生出来播种到土中再萌芽不是更好吗？"椰子树更好奇了。

"因为我们红树通常生长在潮间带，种子对生长的泥土基质有要求，不但要松软，还要经得起海浪冲刷，为了生存下来，适应这种环境，我们还长出呼吸根和支持根来固定自己。同时为了在这种条件下能保持繁殖，就逐渐形成了这种胎生适应性，这也是我们的种子不得不落在母亲脚下的原因。"红树耐心地解释。

椰子树这才懂得红树胎生的原因和它为什么总是把后代留在身旁。

杨树和柳树

一棵杨树和旁边的一棵柳树攀谈起来。杨树说："许多人把我们混淆了，有些文人在文章中写的'杨柳依依''户户垂杨'之类，讲的是我，实际上指的是你。"

"你讲得很对，在植物学上，我同你是有严格区别的。你枝条上的芽，细看有好多芽鳞片，像鱼鳞般层层包裹着，而我的芽只有一片鳞片。"柳树赞同道。

33

"我们的花也有很大差别。我的花序上每朵都有一个苞片，苞片边缘分裂成尖尖的裂片，而你的苞片没有裂口。另外我的雄花内没有蜜腺，而你的雄花内却有蜜腺。"杨树接着进一步说明。

"我们的叶子就有很明显的区别，你的叶片是宽阔的，而我的叶片却狭长如眉。"柳树越讲越起劲。

杨树问道："你考虑过没有，既然我们有这么大差别，人们为什么还会把我们混淆呢？"

柳树思考了一会儿，说："大概由于我们果实中的种子总带有白毛，成熟时爱随风飞舞，被称为'柳絮'或'杨花'，所以人们把我们统划为杨柳科。"

这时，杨树又提出了一个新问题："柳树，为什么人们

都说你'无心插柳柳成荫'？这我可做不到。"

"春天，人们把我的枝条插进土里后，我就会生根发芽，长成一棵新的柳树。"柳树说，"这是因为我的枝条里的形成层与髓射线之间有许多具有很强分裂能力的细胞，这些细胞能够快速分裂繁殖，形成根的'原始体'。当我的枝条插到土壤里以后，如果温度、湿度、阳光等条件都适合的话，这些根的'原始体'就会逐渐发育成长，成为新的根，这都是因为我适应环境的能力较强的缘故。"

杨树听了柳树的话，对柳树十分佩服，说："我懂了，这都是因为你的枝条入土后，能够很快独立生长，再加上你的生长比我快得多，不择土壤，四海为家，所以到处都可以看到你的同胞的身影，尤其在南方，差不多家家户户的房前屋后，湖边、河边，都是你们的家园。"

含羞草的习惯

"含羞草呀，你被轻轻碰一下也把叶子合拢低下头，这不是很可笑么！"阳台上别的花都这样批评含羞草。

"是呀，我也知道这样是很不礼貌的，我下了许多次决心，想改掉这种坏习惯，但不知道为什么总是改不掉。"含羞草满脸通红地说。

"你一定要下决心改呀。"阳台上别的花说。

过了一会儿，有个小孩来到阳台上，他用手指轻轻碰了一下含羞草的叶子，含羞草马上又把叶子合拢，低下头来。

小孩感到很好奇，进屋把爷爷拉到阳台，问爷爷为什么含羞草一碰就低头。爷爷笑着说："含羞草的叶子受到刺激后马上合拢下垂，这是因为在含羞草的叶柄及叶柄和茎节的连接地方，有个较膨大的部分，叫作'叶枕'，叶枕里充满水分，经常胀得鼓鼓的，并保持很大的压力，而且下半部比上半部的压力大，所以能使叶柄向上挺着。当人用手指碰含羞草时，叶子受到振动，叶枕下部细胞里的水分马上向上部和两侧流去，于是，叶枕下部便瘪下去，而上部则鼓起来，小叶相互合拢，叶柄也就低垂下去了。过后它又慢慢恢复原状，是因为水分流向下部，下部就鼓起来了，小叶相互张开。"阳台上的花儿们这才明白过来。

爷爷又说："含羞草的老家在美洲热带地区，那里经常有暴风雨的袭击和动物踩踏，它的枝叶合拢下垂，可以保护自己不受伤害。哪怕它现在来到了新的环境，种在了花盆里，成了观赏植物，可还是改不了原来的习惯。"

植物也有感觉

有一头奶牛，它的主人为了使它多产奶，每天都要放音乐给它听，它的产奶量果然增加了许多。奶牛发现它每天听音乐的地方附近稻田里的水稻也比别处的长得茂盛苗壮。

"水稻，你也喜欢听音乐，是吗？"一天，听完主人放的音乐后，奶牛问道。

"是的，音乐能够刺激我们更快地生长。"水稻回答说。

奶牛感到很奇怪，又问："我喜欢听音乐，那是因为我有听觉，有高级神经系统。这些东西你都没有，为什么你也喜欢听音乐呢？"

"因为音乐是一种有节奏的声波，它的振动能刺激我们的细胞，加速细胞的新陈代谢和繁殖，所以能使我们生长得更快。"水稻回答说，"其实我们植物也是有听觉、触觉等神经系统的，例如向日葵会追踪太阳，这是大家都知道的。听说曾经有几位科学家用麻醉药对含羞草做试验，结果那些'服用'麻醉药的含羞草，不论怎样用手触摸，原来很敏感的叶片都无动于衷，直到过了一段时间，麻醉药效果消失以后它才重新恢复敏感性。"

奶牛心里想，水稻说得对，难怪有许多"农业作曲家"在研究各种庄稼的不同爱好，专门为它们创作许多奇妙的音乐，争取粮食丰收。

大树的梦

很久很久以前，那时还没有人类，在大地上生长着一株小树，树根扎在泥土里，它用绿叶进行光合作用，用根吸取水分和营养。过了许多年，这株小树终于长成了一棵参天大树，像一个巨人屹立在天地之间。大树热爱光明，热爱太阳公公，因为它懂得是太阳公公用充满生命力的阳光照耀着它，它才能成长起来。

一天，大树问："太阳公公，我也想像你一样发热发光，可以吗？"

"这恐怕难以办到，我之所以能发热发光，是因为我有一颗燃烧的心呀！"

大树和太阳就这样经常交谈，成了最知心的好朋友。

有一天，大树脚下的大地突然翻腾起来，大树还来不及同太阳公公告别，便被埋到了地下。它觉得周围一片漆黑，又热又闷，不久便睡着了。

它这一觉睡了很久很久，有上千万年。它梦见了太阳公公，太阳公公把阳光照射到它身上，晒得它周身暖烘烘的，舒服极了。它仿佛还是一株小树，在阳光的爱抚下，慢慢生长起来，长啊，长啊，长成了一棵又高又粗的大树。它对

41

太阳公公充满了感激之情，它是大地的子孙，也是太阳的子孙。

一天，大树被轰隆隆的响声惊醒了，它被人一块一块地从地底深处开采出来。大树又见到了它想念的太阳公公，它高兴地喊道："太阳公公你好啊，我们又见面了。"

"你是谁呀？我怎么不认识你呢？"太阳惊讶地瞧着它。

"我就是那棵大树呀！"大树说。

"啊，你就是大树？可你的模样变了，再也找不到一片绿叶，周身黑乎乎的，怪模怪样的。你变成煤了！"

大树低头看了一眼自己的身体，果然是黑乎乎的一堆，它难过得"呜呜"哭起来。

太阳赶忙安慰它，说："别哭啦，这不是很好吗？我还记得你过去向我提出要求发热发光，现在你的愿望很快就要实现了，你已经变成有用的煤了。"

晚上开的花儿

　　花圃中种植着许多种花儿。白天各种盛开的花儿都散发出浓浓的芳香，只有夜来香没有一丝香味。这种情况引起了花姑娘们的不安。玫瑰禁不住问夜来香："你为什么白天不放出香味，偏偏要到晚上才放出香味来，这是为了表现自己与众不同吗？"

　　夜来香回答说："我绝不是为了表现自己与众不同。你们都在白天开花，蝴蝶、蜜蜂都来帮助你们传授花粉，而我只能在晚上开花，这个时候蝴蝶、蜜蜂都不再出来了，所以我只有在晚上放出浓郁的花香，才能请晚上出来活动的夜蛾帮助我传授花粉。"

　　停了一会儿，夜来香又说："其实夜晚开花邀请夜蛾来帮助传授花粉的还有女娄菜花。平时夜蛾在它的花上稍停即飞，不愿多待，只有在下雨前的夜晚，女娄菜花上才停栖着众多夜蛾。这是因为平时女娄菜花的蜜汁少，甜味淡，夜蛾不愿光顾，而在下雨前的夜晚，女娄菜花分泌出大量花蜜，因此夜蛾纷纷飞来赴宴。"

　　"哦，原来是这样。"花姑娘们弄清了夜来香晚上才放出香味的特殊原因，就都理解她了。

深夜，一朵昙花悄悄开放了，雪白的花瓣自然、优雅地张开来，散发出一阵阵馨香，简直把旁边的花儿熏醉了。这种情况又引起了花姑娘们的不安。

茉莉花说："你选择在夜间开花，是不是为了表现你是谦虚的？"

"你怎么这样认为呢？"昙花很不解地问。

"因为你从不与百花争艳，甘愿填补夜间很少有花开放这个空白。"茉莉花解释说。

"你错了，夜间开花是我过去的生活环境使我养成的习惯。"昙花诚恳地说，"我的老家在墨西哥和非洲南部，那里的白天又炎热又干燥。在沙漠里，水分仅仅来自少得可怜的雨水、露水以及地下深处的一点点水，有时可能连续几年滴雨不下。我如果在白天开放，很快就会被沙漠里的阳光晒焦，只有在比较凉爽的夜晚开花，才能不断繁殖后代。"

"现在这里的白天并不干燥、炎热呀，你为什么还要夜间开花呢？"

"是的，我现在虽然离开了原来的生活环境，但是夜间开花的习惯还是改变不了。习惯真是一种可怕的力量呀，它让我老是摆脱不掉过去的一切。"昙花无可奈何地说。

花姑娘们了解了昙花夜间开花的特殊原因后，这才放心地深深睡去。

45

开花结果

夏天，小蜜蜂来到一块南瓜地，辛勤地给南瓜花传授花粉，它希望这些南瓜花朵朵都能结出个大南瓜。

过了一段时间，小蜜蜂又到这里看看自己传授花粉的结果。

它发现由它授过花粉的南瓜花，有好几朵已经结出了南瓜，可是也有不少掉在地上，于是小蜜蜂问已经结出南瓜的花朵："请告诉我，为什么有的南瓜花不结果呢？"

南瓜花回答说："我是雌花，所以能结果，那些雄花传完花粉就枯萎脱落了，就像只有女人才能做妈妈一样。"

"我看到无花果不开花就结果了呢，这是怎么回事？"小蜜蜂又问道。

"你错了。无花果不但有花，而且有许多花，只是因为它的花太小，单用眼睛是很难看见的。它的花生长在囊状的总花托里面，总花托把所有的雌花和雄花统统包囊起来，不像一般植物的花托把鲜艳夺目的花瓣都举得高高的，引诱昆虫来帮助传授花粉。"南瓜花耐心地说。

小蜜蜂还是有点怀疑："那人们为什么又叫它无花果呢？"

"这是由于人们不容易看见无花果的花，就认为它没有花，是不开花而结果的，这是一种误解。"南瓜花又回答说。

　　小蜜蜂终于把疑问解开了。

会吃虫的猪笼草

一只小飞虫飞着飞着，忽然闻到一股香喷喷的味儿，于是它朝着香味飞去。啊，原来香味是从猪笼草身上发出来的，猪笼草的叶片前端挂着一个像罐子一样的小口袋，罐子的底部流出甜香的蜜汁，罐口还有一个盖子。小飞虫绕着蜜罐飞来飞去，垂涎欲滴。

猪笼草脚边的一株小草提醒小飞虫："你快飞走吧，钻进去的话你会被吃掉的。"

小飞虫撇撇嘴："我才不信呢，植物怎么会吃虫呢？我吃它还差不多！"

"这味儿太香了，这蜜汁一定很甜，我要不吃，岂不是笨蛋！"小飞虫飞到了罐口，爬进了罐内，大口大口吸起蜜来。

突然罐口的盖子盖上了，小飞虫想逃也逃不掉，只挣扎了一会儿，就慢慢地被消化成营养液，最后被罐壁一点一点吸收掉了。

小草叹了口气："唉！又一只小飞虫被吃掉了，谁叫它不听我的话。"

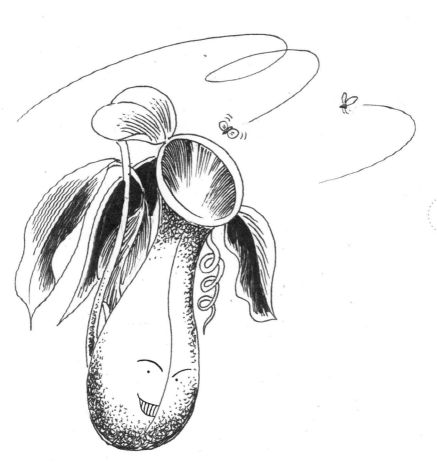

种豆得瓜

在一小块科学试验地里，科学家播下的大豆种子，经过一段时间的精心栽培，快到收获的时候了。突然，地里的一号植株大声嚷起来："哎呀，我没有长出豆荚，却长了几个像南瓜那样的怪东西，是害了什么病吗？"

"是呀，我也同你一样，不知是害了什么病。"旁边的二号植株也大声叫起来。不一会儿，整块地里的大豆植株都吵起来了。

这时走来一位科学家，他来查看大豆植株的生长情况。

"科学家伯伯，请你看看我们到底害了什么病呀？"一号植株连忙请求。

科学家仔细查看了一下，笑着说："你们什么病都没有，生长得很好。"

二号植株疑惑地问："人们都说'种豆得豆，种瓜得瓜'，可我们不但没有长出豆荚，反而长出这种怪东西来，是怎么回事？"

"你们是在进行移植基因试验，看来已经成功了。"科学家高兴地回答。

一号植株追问道："什么意思呀，你能给我们解释一下吗？"

"基因就是构成生命的零件，就是生命能够得到遗传的因子。之所以能够种豆得豆，是因为在大豆的细胞中有管理遗传的基因。自然界所有的生物，包括我们人类的遗传性状，都是由基因决定的。"科学家耐心地解释道，"现在我就是用人工的方法，将指令你们结大豆的基因除掉，再将南瓜中指令结南瓜的基因移植到你们的细胞中，指令你们结南瓜，所以你们就不是结大豆，而是结南瓜了。经过这次试验，你们已经为生物基因工程做出了贡献。"

大豆植株们这才安心了。

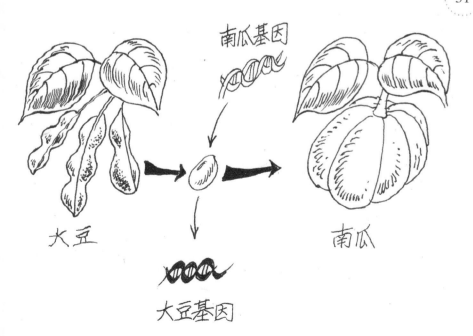

南瓜基因

大豆

大豆基因

南瓜

发芽的马铃薯不能吃

一位老太太下地窖去拿马铃薯来做菜，有个马铃薯突然对她说："请你千万不要拿我去做菜。"

"你是怕死吗？"老太太不高兴地对它说，伸手去把它拿了起来。

"老太太，你冤枉我了，我绝不是为了自己。"马铃薯说，"你看，我身上已经发芽了。"

"发芽了又怎样？"老太太更不高兴了，"我可以用刀剜掉你的芽。"

"发了芽的马铃薯，人们吃了会中毒的。"马铃薯焦急地说，"你看，由于我已经发了芽，身体消耗很大，淀粉含量减少了20%—50%，质量也减轻了20%—30%，而且外表皱缩，遭到了霉菌的侵害，我的身体已经变成绿色，我的内部已经产生了一种叫作龙葵碱的有毒物质，如果人们吃了我会中毒的，轻点的可能只是昏迷，严重的话不及时抢救会有生命危险呢。"

"原来你是为了这个才告诉我不要吃你的，我错怪你了。"老太太很感激地说。

花生的秘密

一只乌鸦在花生地里找小虫吃，向花生秧问道："你是谁呀？"

"让我打个谜语给你猜：'麻房子，红帐子，里面住着个白胖子。'你猜得出吗？"花生秧说。

"谁不知道，那是花生呗！"乌鸦吃过花生米，因此它很快就猜出来了。

"对！我就是将来能结出花生来的花生秧。"

"能结出颗花生来给我看看吗？"乌鸦好奇地问。

"结花生可不是为了给你看的，再说花生结出来后都在土壤里，你也看不到。"

"恐怕你是在吹牛吧？"乌鸦不相信，花生秧沉默了。

过了一段时间，乌鸦又飞过这块花生地，看见花生秧已经长大了，还开了许多小黄花，这些小黄花的花托上面都长出一个紫色的子房柄来，而且有的小黄花低垂着头，插进了土壤里。

"土壤，我问你，花生把它的花插进你的身体里，这是在玩什么鬼把戏呀？"乌鸦向土壤打听。

土壤回答说："这绝不是玩把戏，花生是把子房埋进我

的身体里，它的子房柄在我的身体里面是有好处的，那周身的茸毛能吸收一部分水分和养分，就慢慢发育肥大起来，种子在子房里逐渐长成白胖胖的花生仁。"

"那让花在空中结实不是更简单吗？"乌鸦还是想不通。

"花生结实一定要在地里进行，而且要靠子房柄使劲向下钻的刺激作用来促进子房发育。如果子房柄由于种种原因不能伸到土里去，就会中途枯萎，不能结实。花生因此又叫'落花生'。"

"这恐怕未必吧？"乌鸦并不相信。

土壤不高兴地说："你真是个怀疑主义者，怀疑这样，怀疑那样，其实科学家做过实验，他们把悬在空中已经受精过的子房，一部分用黑纸袋套起来，小心地缚在子房柄上，另一部分则暴露在阳光下，后来包在黑纸袋中的子房全部发育成果实，而暴露在阳光下的子房都没有结出果实。"

"好吧，等收获花生时我再来看看。"乌鸦半信半疑地飞走了。

当看到农民收获花生，顺着花生藤把花生从土里拔出来时，乌鸦这才认识到自己太主观了，很难为情。

动物篇

小花猫剪胡子

有一只小花猫捉老鼠很厉害，凡是跑出洞来偷东西的老鼠，只要给它看见，很少能够逃得脱。可是，有一天它突然捉不到老鼠了，捉老鼠的时候，不是碰倒椅子，就是绊到桌脚，还有一次身子卡在柜子底，差点钻不出来。

小花猫焦急得"喵呜喵呜"直乱叫。后来它找到猫妈妈诉说自己的苦恼，猫妈妈将它全身上下仔细检查了一遍，大声问道："呵，你的胡子呢？"

"胡子不好看，我剪掉了。"小花猫回答说。

"真是个傻孩子，猫的胡子怎么能随意剪掉呢！"猫妈妈说，"我们的胡子就像一把尺子，可以量通道的宽窄和洞的大小。如果胡子碰到了通道边儿，或是碰到了洞口边儿，就知道通道窄了，洞太小了，不能通过，也进不去。要是胡子没碰着，就知道这是一条宽敞的路和大洞，可以通过。"

小花猫这才知道自己剪掉胡子是干了件多么愚蠢的事，原来片面地追求美是有害的，小花猫很是懊悔。

不认母的佛像珍珠

海滨浴场有许多人在游泳，热闹极了。这时，有一颗圆润、晶莹的佛像珍珠从沐浴者的饰品上脱落，掉到了沙滩上。佛像珍珠并没有感到处境不妙，它想，像它这么名贵的珍珠，一定会有人将它拾起来的。可是，偏偏没有谁注意到它。

"孩子，你回来啦？"有个声音在呼唤它，佛像珍珠吓了一跳，它定睛一看，发现身边有一只母贝。

"满脸黑乎乎的，还布满了皱纹，真难看，你是谁？"佛像珍珠不快地问。

母贝动情地说："我是你的母亲，叫作母贝。现在你的处境有危险，我要帮助你。"说着母贝想要用母亲的手爱抚它的孩子。

佛像珍珠连忙滚了几滚，大声呵斥道："别过来，别碰我，我这么高贵漂亮，别人都称我为'掌上明珠'，我怎么会有你这么丑陋的母亲呢？"

母贝诚恳地说："孩子，我的确是你的母亲。我把贝壳张开时，外界的异物如泥沙、寄生虫等钻进壳内，刺激到珍珠质的分泌组织，致使这个地方的表皮细胞以异物为核，逐步形成珍珠囊，由珍珠囊细胞分泌珍珠质，一层层地把核包围起来，最后变成圆鼓鼓、光彩夺目的珍珠。由于以异物为核，又称为有核珍珠。"

佛像珍珠听了气愤地说："你在胡言乱语，我绝不是像你讲的以泥沙、寄生虫为核形成的珍珠。"

母贝接着说："我也产生天然珍珠，这是我的身体有关组织发生病变而造成细胞分裂，产生分离，随即包围了自己

61

所分泌的有机物质，并逐步陷入外套膜形成珍珠囊，进而形成珍珠。这种珍珠由于核是本身分泌的有机物质，没有异物，所以称为无核珍珠。"

"真是越说越离奇，我难道是你本身的病变组织变成的？一派胡言乱语！睁大你的眼睛仔细看吧，我是一颗神奇的佛像珍珠。"佛像珍珠恼怒地说。

"佛像珍珠也没有什么神奇的，"母贝平静地说，"远在明代就有了。人们用小石头雕刻成佛像的样子，把它插进我的外套膜和珍珠囊之间，我受到刺激，因而分泌大量的珍珠质，将小佛像包裹起来就形成了佛像珍珠。"

"你分明是在贬低我，诋毁我，还要胡言乱语，冒充是我的母亲，不，你是个骗子。"佛像珍珠气得暴跳起来。

"孩子，想不到你竟把母亲当坏人了，你误会我了。要知道我永远忘不了，有一天一个采珠人潜到海底，把我捞上岸，掰开我的壳，从我的身体内取走了你。我们从此分离，只留给我无限的思念啊！现在只要你回到我的身体内，人们还会找到你的。"

佛像珍珠心中涌起一阵厌恶，恶狠狠地呵斥："你这居心巨测的丑八怪，怎么配同我在一起，快滚远点。"

母贝无可奈何，只好伤心地离开了佛像珍珠。海潮把沙子一层一层地往岸上推，不久便把这颗佛像珍珠掩埋起来了。

各有各的习惯

天气越来越暖和，燕子从遥远的南方飞回来了，在春风中穿来穿去，像一道道闪电。有一只燕子飞得疲倦了，就停歇在一棵梅树的枝头上，它看了一眼花瓣落尽的梅树，讥诮道："喂，梅树呀，别人都称赞你的花如何如何美丽，为什么我总看不见呢？"

这时，另一只停歇在树枝上的麻雀看不惯燕子的无礼，插嘴说："是呀，你总是看不见。腊月天大雪纷纷扬扬地下着，河流都结了一层厚冰，可梅花开放了，火一样的梅花勇斗冰雪，这是我亲眼看见的。"

燕子瞪了麻雀一眼，对梅树说："那你为什么不迟几个月才开呢？"

"我的花只开在严寒风雪之中。"梅树回答。

这时麻雀又插嘴说："燕子，那你为什么怕寒冷飞到遥远的南方去，你可以留下来看梅树开花嘛。"

"不，我们是候鸟，具有因季节不同而长距离迁徙、变更栖息地区的习性。每年春分前后，我们飞来繁殖育雏，到了秋天天气转凉，我们又成群结队地飞往南方，最远可到达马来西亚和印度尼西亚一带，并且随着季节的变化，年复一

年地重复着。这种祖先传给我们的生活习惯是改变不了的，还有大雁、天鹅也是这样。全世界有9000多种鸟类，其中有4000多种鸟类是这样的。"燕子解释说。

"我们麻雀与你们不同，一年四季都留在这儿，有时仅作短距离的垂直迁徙，还有喜鹊、乌鸦等也是这样。就是繁殖育雏也不到别处去，这也是祖先传给我们的一种习性，所以我们叫作留鸟。"麻雀有些得意地说，"燕子，你每年要飞那么长的路程，怎么总能回到原来的地方呢？"

"我们候鸟在迁飞时都具有定向识途的能力。"燕子回答说，"像我这样，从越冬地返回这儿的繁殖地时，不仅能够到达我出生的地区，甚至能够准确地回到旧巢址筑巢。我长途飞行而不迷失方向，是靠天，天上的太阳、星辰；是靠地，地上的山脉、河流、地形地貌、地磁场；是靠自己，自己的灵敏感觉、记忆力。"

"听了你们说的话，现在我可以回答燕子刚才对我提出的问题了，我在严寒风雪之中开花也是祖先传下来的习性。"梅树总结式地说。

"可是开花总要看看气候嘛，别人都说春暖花开，在严冬开花对你是没有什么好处的。"燕子教训梅树。

梅树皱了一下眉头，说："不，我开花是为了给人们报告春的信息，并没有想到我自己能得到什么好处。"

动物怎样过冬

春天来了，许多动物集中在森林里谈论自己是怎样度过漫长的冬季的。

从树上跳下一只松鼠，说："我是这里的老住户，整个冬天我都躲在暖和的树洞里。在冬天我一样要吃东西，所以我在树洞里储藏了许多松果、干蘑菇，这样就不用出门去找东西吃了。"

一只狐狸走过来说："我同松鼠老弟一样，也是森林的老住户，冬天也从不离开这儿，还是住在洞里。冬天我也要吃东西，虽然天气寒冷，但是我在秋天就换上了一身厚厚的皮毛，所以有时出来寻找食物可以顶得住寒冷。"

从水塘边跳出一只青蛙来，它噗的一声吐出口里那颗含了整整一个冬天的泥丸，说："整个冬天，我都处于一种假死状态，不吃也不动，直到惊蛰以后，天气暖和了，才从冬眠中醒来。"

从蛇洞里钻出一条大南蛇来，说："真饿死我了，我同青蛙一样是冷血动物，都是以假死状态来度过冬天的。我整个冬天一点东西都没吃，好饿啊！"

一头熊摇摇摆摆地走来，说："我也是以冬眠的方式来度过冬天的。但我与青蛙、南蛇不同，我是温血动物，只是不吃不动地消耗贮存在体内的脂肪，待在暖和的窝里等待春天到来。"

　　这时从水塘里飞来几只小蜻蜓，从草丛中跳出几只小蚂蚱，它们都嚷着要妈妈。大树伯伯告诉它们说："你们的妈妈生下你们，把你们留在水里、土里之后，去年秋天就被冻死了。"小蜻蜓、小蚂蚱只好开始独立生活了。

想帮花朵做好事的小蚂蚁

　　春暖花开，风和日丽，扑鼻的芳香引来一只走出窝寻找食物的小蚂蚁。它爬到桃树上，顺着树枝又爬到托着花的叶片上，细心查看着粉红的桃花。突然，它发现一只蜜蜂嗡嗡地飞到桃花上，对桃花说："桃花姐姐你好，我来给你传授花粉了。"蜜蜂用两条前腿趴在花瓣上，它中间的两条腿上有两簇长毛，像两把刷子，把花粉刷到毛绒绒的两条后腿上，同时把雄蕊柱头上的花粉带到雌蕊的柱头上，蜜蜂就这样一边采花粉，一边传授花粉。

　　小蚂蚁还听到桃花说："蜜蜂，谢谢你的辛勤劳动，你给我们传授花粉时小心又细致，让我把最好的花蜜送给你。"

　　蜜蜂高兴地说："桃花姐姐，你的花蜜又香又甜，我会用它酿成上等的蜂蜜；你的香喷喷的花粉，我带回去做成最好吃的糖浆。"蜜蜂快乐地飞走了。

　　在桃叶上看呆了的小蚂蚁，心想传授花粉并不难，它也能像蜜蜂那样替桃花传授花粉，于是向一朵桃花爬去。桃花一看见蚂蚁爬过来，吓了一大跳，连忙大声喊道："哎呀，小蚂蚁，你千万别进来，传授花粉你帮不了我的忙。"

"这是为什么？是嫌我手脚太笨还是认为我粗枝大叶不勤快？"小蚂蚁有点不高兴。

"你的好心我非常感谢，并不是嫌你什么，而是因为你身上分泌的蚁酸会对我的花粉起到破坏作用，会影响我结果。"桃花只好老实告诉小蚂蚁。

"我不适合帮你传授花粉，但是去帮梨花、油菜花传授花粉还是可以的吧？"小蚂蚁问道。

"不，科学家早就专门研究过这件事，这也是不行的。在自然界中，依靠蚂蚁来传授花粉的植物是极少的，而依靠蜜蜂、蝴蝶等昆虫传授花粉的植物却有好几万种呢！"

小蚂蚁感到很失望，只得悄悄离开了桃树。

没翅膀动物的飞行比赛

动物界要举行一次没翅膀动物的飞行比赛，由鸟王凤凰亲自评定成绩。报名的动物必须具备一个条件，就是没有翅膀。报名的动物很多，有飞蛙、飞蜥、飞鼠、飞鱼、蝙蝠等。

凤凰首先来到婆罗洲山区森林里，观看一种身体扁平的飞蛙作飞行表演，这种飞蛙能够轻快地在树枝间飞跃、攀爬。

"鸟王，你看我长长的趾间有发达的薄膜相连，趾端扩大形成一个个富有黏液的吸盘，每当我从树上跳下来时，总能安全着地。我还有一个绝招，用后肢的两张大蹼在水里一蹬，就能直接跳出水面。"飞蛙自我介绍说。

凤凰摸摸它的肚子，说："我知道你离树前已吸了大量气体，把肚子鼓得大大的，你的四肢靠近体侧，展开各个长趾间的蹼膜，下滑时就像在身体周围撑着四把小降落伞。这不算什么。"

凤凰来到中国南方的树林中，观看飞蜥表演飞翔，这种飞蜥体长不到10厘米，身体两侧长着一张很大的翼状皮膜，每侧有5—7条特别延长的肋骨支持着。

飞行前，飞蜥也像飞蛙一样吸进大量气体，使身体鼓胀，然后从高树顶上飞翔下滑，降落到另一棵树上，在飞行中捕捉昆虫。它一口气就滑飞了20多米。

凤凰看了它的表演后，摆摆头，说："这种飞行仅仅是延长跳跃后的降落时间而已。"

凤凰来到中国山区的密林中，观看飞鼠表演飞翔。飞鼠表演时，先爬到一棵树的顶端，然后展开四肢间的薄膜，向树下滑，滑翔飞行时，四肢平伸撑开，尾部平直略向上翘，到达另一棵树后，接着又向上爬。

凤凰看后点点头，说："你的本领要比飞蜥高强一些，但仍然算不上真正的飞行。"

凤凰来到海上，观看飞鱼表演飞翔。突然，一群鱼从海浪间飞射出来，它们有一对特别大的胸鳍，利用海风驱赶着海浪向前涌去的上升气流，托着它们向前滑翔达20多米远，有的竟掉在了海轮的甲板上。

凤凰很可怜它们，把它们一个个衔起送回海里，同时对它们说："这虽然算不得真正的飞行，不过也真难为你们了。"

最后，凤凰来到岩洞里，观看蝙蝠表演飞行。蝙蝠展翅高飞，一圈又一圈，忽高忽低，像一道道黑色闪电。飞了很长时间，它才倒挂在屋檐下休息。

凤凰高兴地说："我知道你的老祖宗，很久以前它们在森林的树枝上跳跃觅食，终日过着树栖生活。后来它们的两侧渐渐生长皮膜，从在树上的跳跃慢慢地过渡到伸展皮膜在空中滑翔。再后来它们的皮膜进一步增大，前肢的骨骼在皮膜中特别伸长，形成翅膀状的结构，最后演变成地球上唯一能高飞的哺乳动物。看来在这么多没翅膀动物中，冠军就是你了。"

鱼也能离开水

稻田里，禾花鱼正在快乐地游来游去，突然看到一条黄鳝竖直起前半段身体，喉部鼓鼓的，正在用口饱吞空气。禾花鱼觉得很奇怪，便游过去打招呼："嘿，黄鳝，你在干什么呢？"

黄鳝说："没看到我在呼吸吗？"

"我们鱼不都是在水里呼吸的吗？那你用什么呼吸呢？"禾花鱼更奇怪了。

"呵呵，这你就不懂了吧。我的鳃已经退化了，在水中不能独立完成呼吸。我的咽腔内壁上布满微小的血管，我利用这些血管便可以进行呼吸，所以我这是用口腔来辅助呼吸。我平时在稻田里打洞穴居，秋天稻田干涸时，我就钻进泥底的洞穴中，过几个月的无水生活都没事呢。"黄鳝笑着向禾花鱼解释。

"你还能多告诉我一些能离开水的鱼类吗？"禾花鱼兴致勃勃地问。

黄鳝很有耐心："泥鳅跟我一样，也是河沟、稻田中常见的一种小鱼，它除了用鳃呼吸，在缺氧和无水时还可以用肠子帮助呼吸。还有生活在中国南方海边泥地的弹涂鱼，它利用肌肉质的胸鳍爬到生长在岸边的红树或岩石上，通过

73

尾巴和皮肤辅助呼吸，可以活泼地跳跃，自由自在地捕食飞虫、蠕虫等小动物。鳗鲡经常在夜间偷偷地离水上岸，经过潮湿地带，移居别的水域。它在陆地上时，血液中的气体通过潮湿而富有黏液的皮肤与外界气体进行交换。"

"对了，还有分布在非洲、美洲及大洋洲的肺鱼。它在水中生活时用鳃呼吸，当水域被污染后，缺氧干涸时，它就开始吞取大气中的氧气。肺鱼没有肺，空气经食道进入鳔内，鳔的构造很像肺，里面分布着许多血管网，可以进行气体代谢。有趣的是，肺鱼在无水时像蚕宝宝一样用淤泥做成一个大茧子，把自己藏在里面，并在近嘴的茧壁上开一个小小的呼吸孔，它能在这个茧子里度过几个月的无水生活，直到雨季来临，它才破茧而出恢复水中的自由生活。"

"哇！真是太神奇了！"禾花鱼感叹道。

黄鳝大笑起来："还有更神奇的呢！有些地方在树上也能找到鱼。从中国南部到印度的广阔地区，人们在树上发现了一种叫'攀鲈'的鱼，这种鱼凭借胸鳍和尾鳍，配合身体的左右摆动，能很快爬上树干。下雨时它还能用胸鳍和尾鳍在地上的草从中爬行。"

"攀鲈又为什么能离开水呢？"禾花鱼追问。

"由于攀鲈赖以生存的水域大多为沼泽地或死水塘，因此水质污浊，水中的氧气很少，而且水还会越来越少。在这种恶劣的自然条件下，为了生存，有水时，它就用鳃来呼吸；没有水时，它就用嘴把空气吸进迷宫式的副呼吸器里。副呼吸器是它特有的器官，由像贝壳一样的东西组成，里面排列着蔷薇花状的壁骨，上面分布着许多血管，血管中有能摄取空气中氧气的结构。所以，攀鲈靠副呼吸器能在陆地上活动数小时。"

不会飞的鸟

　　一只公鸡为自己有一双大翅膀而感到骄傲。一天，有一只苍鹰飞过，落到鸡棚顶，公鸡雄赳赳地走过来，对苍鹰左瞧右瞧了一会儿，说："听说你是飞禽中的英雄，有一对大翅膀，依我看来也不怎么样，我也有一双大翅膀。"

　　苍鹰回答说："我们都有翅膀。我的翅膀是用来翱翔蓝天、搏击风云的，你的翅膀能吗？"

　　"我不能飞。"公鸡红着脸说，"可是，我的祖先，就是生长在南亚、东南亚以及中国南部大森林里的野鸡，它们的翅膀是能够飞翔的。"

　　"这我知道，像你这样慢慢丧失飞翔本领的鸟类还有许多呢！"苍鹰拍拍翅膀说，"如南极的企鹅，两翅变成鳍桨状，入水后，在后足的配合下扇动桨状的两翅，潜水追捕鱼群；非洲的鸵鸟、美洲的鹈鹋、大洋洲的鸸鹋和鹤鸵曾经也都是大型的飞禽，现在只能在地上行走。"

　　"它们也像我这样依赖人们的喂养吗？"公鸡好奇地问。

　　"不，它们并不依赖人类喂养，而是生活在沙漠、荒野里，靠自己粗壮强健的两条腿觅食、避敌。如非洲的鸵鸟，一步可跨两三米，跑得比狮子还快。"

　　听了苍鹰说的话，公鸡更感到不好意思了，又问道："它们为什么也丧失了飞翔能力呢？"

　　苍鹰到底见多识广，懂得很多这方面的知识，于是耐心地对公鸡说："这些已经不会飞的鸟类大多定居在岛屿上，

也有的生活在沙漠地带或寸草不生的南极冰天雪地里，因为这些地方人类活动少，没有食肉兽类出现并伤害它们，它们的食物来源又丰富，所以它们放弃了利用飞翔来找食物、避敌害的本领，过着地面步行的生活。久而久之，这些鸟类的龙骨变平坦，两翅渐渐退化，最后就丧失了飞翔的能力。"

"它们的日子过得怎么样？"公鸡还想打听更多的情况。

"这些丧失了飞翔能力的鸟类，现在日子都不好过。它们一旦遇到人类或食肉兽的入侵，就容易遭受残害，如毛里斯岛的渡渡鸟，阔嘴鹦鹉，新西兰群岛的恐鸟等，由于遭到人类的过度捕猎而纷纷灭绝。又如中途岛的拙飞鸟类，也因人类设置航空基地而遭遇相同的命运；马达加斯加岛曾有过体高近5米、一只蛋重达10千克的象鸟，它也未能逃脱灭绝的命运。"苍鹰越说越痛心。

公鸡越听越感到羞愧，它对苍鹰说："现在我懂了，我这双大翅膀是不能与你善于飞翔的双翅相比的。我们的祖先野鸡由于依赖人类喂养，一代一代传下来，身体变肥了，牵引两翅的肌肉变得软弱无力，可悲地失去了飞翔的能力，成为任人宰割的家禽。"

苍鹰最后总结说："任何事物都是这样的，用则进化，不用则退化，你的翅膀正是一个很好的证明。"

山雀交朋友

老鹰的身体矫健结实，翅膀又长又大，飞起来很快；眼睛很利，能在高空看到地下奔跑的动物；嘴粗壮有力，尖端带钩；脚趾上有锐利的爪，是一种很凶猛的鸟。山雀从小就崇拜老鹰，它想，要是能同老鹰交上朋友就好了。

春天，山雀在森林里飞来飞去，找小虫子吃。它听到了"笃笃"的响声，像谁在敲打树干，它循声找去，发现是"森林医生"啄木鸟正在为树木诊病。啄木鸟每天将森林里的大树从根到梢检查一遍，敲打一遍，遇到害虫，就把害虫吃掉；发现破伤的虫洞，就立刻动手术，把里面深藏的害虫啄出来，当然，要取出这种害虫是很不容易的。因此，啄木鸟总是整天搜查、敲打、凿洞、啄虫，一点也不敢懈怠。

"啄木鸟，难道你不觉得整天这样敲敲、啄啄，忙个不停，生活过得太平淡了吗？"山雀飞到啄木鸟旁边的树枝上问道。

"只要能保护我们这片绿色的森林，再苦再累，再平凡的事，我也乐意干。"啄木鸟诚恳地回答。

"要是能像老鹰那样，一飞冲天，而且可以随意攻击别的鸟类，那该多好！"山雀十分神往地说。

"各有各的志向，老鹰的生活表面上看来的确过得很神气，目空一切，横冲直撞，可是老鹰除了时刻盘算捕杀别的鸟类和弱小动物，表现出它的凶猛残忍，还能做些什么对大家有益的事呢？"啄木鸟义正词严地说。

啄木鸟的话使山雀想起一件事：那天它在飞行途中，碰上了老鹰，正当它想迎上去向老鹰表示友好时，不料老鹰眼露凶光，猛伸出一双利爪来抓它，吓得它双翅一软，跌进一片刺棚里，老鹰不敢钻刺棚，盘旋了一圈才飞走。经过啄木鸟这么一提醒，山雀对老鹰产生了反感。

"啄木鸟，那要怎样生活才有意义呢？"山雀问道。

"做一些对大家有益的事情，生活就过得有意义了。"啄木鸟回答说。

"那让我也来为大树治病捉害虫吧！"山雀自告奋勇地说。

"山雀，不是我阻拦你做好事，为大树治病除虫是要具备一定条件的。"啄木鸟说，"以我为例，我的两肢粗短有力，尤其脚趾，不像一般鸟类那样三趾向前一趾向后，而是两趾向前两趾向后，趾尖上生长着尖锐的钩爪，这种趾型抓住树木十分牢固，而且我的尾羽长得强韧竖直，支撑着我在树干上进行垂直工作，又灵活又方便。"

"啄木鸟，你一天起码要敲打树干几百次，这样不会得脑震荡吗？"山雀好奇地追问。

啄木鸟耐心地回答："据科学家研究和手术解剖，发现我的头部构造与众不同，脑子被细密而松软的骨骼包裹着，在脑子的外脑膜与脑髓之间有一条狭窄的空隙，这样一来，通过流体传播的震动就得到减弱，而我们的头部有非常强大而有力的肌肉系统，能起到吸震和消震的作用，所以不会得脑震荡和脑损伤。"

"啄木鸟，我的确不具备你那么奇特的优越条件，那我能做些什么有益的事呢？"山雀有些泄气了。

"只要你有心为树木治病除虫，我们可以互相帮助、互相合作嘛！"啄木鸟高兴地说。

从此，山雀喜欢飞到啄木鸟那儿跟它一起工作，啄木鸟在树干上除虫，山雀就在地上寻找啄木鸟啄出来的虫子吃。啄木鸟由于专心敲啄树皮，很容易被老鹰偷袭，而山雀只要看到老鹰一出现，就会突然沉静下来，这等于给树上的啄木鸟发出信号，让它很快躲到树干另一边去，避开老鹰袭击。啄木鸟和山雀共同保卫着成片的绿色海洋。

昆虫遇险记

几只昆虫聚集在一起，木叶蝶提议各自讲一段遇险的经历，大家都赞成，并请它带个头。木叶蝶一边翩翩扇着鲜艳美丽的翅膀，一边说："有一次，我被一个小姑娘用扇子追逐扑打，她要捉我去做标本。眼看就有杀身之祸，我只得用尽一切力量朝树丛中飞，找到一根树枝，就这样悄悄停在上面，小姑娘虽然来到我身边，但左找右找找不见我，就失望地走了。"

说完木叶蝶真的静止在一根树枝上，这时一只蚱蜢一跳跳到木叶蝶身边说："你真了不起，你的翅膀纵合在一起，露出的反面几乎同枯叶一样，上面还可以看到叶柄、叶脉和类似锈病的斑点呢。难怪你可以靠模仿枯叶的形状和颜色来保护自己。"

木叶蝶看着蚱蜢说："你也不比我差，现在已经乔装打扮成一片绿叶了。"

蚱蜢谦虚地说："这是被逼出来的，没办法。有一次我在草地上散步，突然飞来一只小鸟，它张口就要啄我，我只好跳上树枝藏身，才逃脱厄运。"

一只尺蠖慢慢爬上了这根树枝，它对木叶蝶和蚱蜢说："我也同你们差不多，一次我在树枝上睡午觉，有只小鸟朝

我飞来，把我当成捕食目标，我赶紧摇身一变，才躲过这场灾难。"尺蠖说完用后足趴住树枝，身体斜立，口中吐出一根丝与树枝相连，身体的颜色也变得同树枝一样。

木叶蝶看着它称赞说："你也很了不起，看上去就跟一段枯枝一样，当然很容易躲过鸟类的捕食。"

一只虎天牛也爬上了树枝，说："要说惊险我可比你们都要更惊险。一次我被一个小孩用手指掐住，眼看很快就要被掐死，危急中我模仿胡蜂的动作，像胡蜂一样抖动腹部，尽管我的腹部没有针，但我还是装出了要刺人的样子，那个小孩赶快松开手指，我才能趁机逃走。"

蚱蜢点点头，说："虎天牛，你真不简单，虽然没有特殊的防御器官，但能模仿有毒刺的胡蜂的动作，使别人误认为你是胡蜂而不敢伤害你，这也是一种逃生的好办法。"

这时，一只蟾蜍一蹦一跳朝昆虫们聚会的地方冲过来，地上的瓢虫、伪步行虫、象鼻虫马上慌张地缩腿或蜷缩起来，躺在地上装死。一只蜻蛉马上分泌出一种难闻的液体，用来对付凶恶的蟾蜍。只有一只臭屁虫一点也不害怕，它把腹部像炮口一样的器官对准蟾蜍的嘴巴，"呯呯呯"连发几炮。蟾蜍吓了一大跳，感觉被喷出来的臭液射中的地方像被火烧一样，热辣辣的起了泡，它马上掉头逃跑。

"大家都看见了吧，这就是我遇险的经历。我与你们不同的地方，是我身体里有个'化学工厂'，能产生这种臭液，所以我总是主动给敌人以狠狠的打击。"臭屁虫高声叫道。

小鲫鱼变形记

小鲫鱼生活在一条大河里，它的身子灵活、轻快，游泳游得特别好，有一次参加河里的鱼类游泳比赛，它还得了冠军。可是小鲫鱼慢慢地对大河的惊涛骇浪感到厌倦，它害怕整天在激流中奔波，有时找不到食物，还得饿肚子。它想，要是能找到一个风平浪静、安全舒适又容易找到食物的地方过日子，那该有多好啊！

"鲳鱼大哥，你知道有这样一个地方吗？没有风浪，没有危险，食物又多得到处都是。"小鲫鱼去问鲳鱼。

鲳鱼听了小鲫鱼提出的问题，摆摆没有腹鳍的短尾巴，说："小鲫鱼弟弟，哪儿有这样的地方呢！"

小鲫鱼以为鲳鱼目光短浅，孤陋寡闻，又跑去问鲤鱼："鲤鱼伯伯，你见多识广，一定知道这样一个地方，那儿无风无浪，食物多得张口就能吃到。"

"傻孩子，这种地方在我们鱼类世界是不存在的。"鲤鱼扭动身子说，"唉，我还嫌这儿的风浪不够大，正打算去跳龙门，你愿意跟我一道去吗？"

小鲫鱼听了鲤鱼的话，感到很不对路，赶快游开了。

小鲫鱼游呀游呀，游到一个码头下边，看见一个人在洗东西，于是它仰起头来对这个人问道："人呀人，你是万物之灵，能够告诉我，哪儿有这样一个地方，那儿永远没有风浪、没有危险，宁静得像一个梦，食物多得吃不完。"

这个人听了小鲫鱼的话，哈哈大笑起来，兴高采烈地说："小鲫鱼，问到我算你幸运，我能为你找到这样一个地方，快跟我走吧！"

小鲫鱼跟这个人走了。它来到这个人的家中，住进了一个装满水的玻璃缸中，无忧无虑地吃着这个人喂的食物，它感到这样的日子过得很称心。慢慢地它连体态也变了，它脱掉过去一身青褐色的衣裳，换上了一身色彩鲜艳的服装；矫健的身子由于在鱼缸里很少运动，也发胖了，腆着一个大肚子，在小小的鱼缸中自得其乐地游来游去，在平静的水中像仙女翩翩起舞，不愁吃住，不担任何风险，变成供人观赏的玩物，人们都叫它金鱼。

怀念沙漠的骆驼

无尽的沙漠，阵阵狂风卷起黄沙，把太阳的光芒遮住了。"叮当叮当"，驼铃声声，一队骆驼排成一列，正一步一个脚印地朝着沙漠深处行进。

走在前面领路的骆驼长得特别高大，它带领骆驼队驮着沉重的东西向前走，前方突然出现了一片绿洲，一条清亮的小河在嫩草中间蜿蜒流去，领头骆驼狂奔过去……

梦到这儿，领头骆驼醒了，发现自己正置身于动物园里，脚下是青青的草地，身旁是一条长长的水槽，没有风沙的袭击，没有饥渴和死亡的威胁，也再不用驮那些沉重的东西。可是，它非常讨厌眼前的这一切，很怀念过去的那段生活。

这时，游客走近栅栏来观看它，有一个小孩看见它蔫蔫的样子，忍不住问它："你就是被称为'沙漠之舟'的骆驼吗？"

骆驼勉强提了一下神，回答："是的，我能在气候极其干燥及灰蒙蒙的风沙刮得人睁不开眼睛的恶劣环境中让人乘坐，还能驮沉重的货物，穿过渺无人迹的沙漠。如果换上另一种动物，别说驮人载货，即使走路也难办到。"

"为什么你不怕风沙呢？"小孩又问道。

"因为我的鼻子里长有瓣膜似的结构，当沙漠里刮起风沙时，我就将鼻孔关闭，不受风沙影响；我的眼睫毛是双重的，当风沙扬起的时候，它能像神秘的卫士将沙挡住，不让风沙吹进我眼里。"

"那你跟其他动物还有什么不同？"

　　"我还能忍饥耐寒。我从所获得的食物中摄取营养转化为脂肪，积蓄在驼峰里，在沙漠中找不到食物，或者经过长途跋涉体力消耗较大时，贮藏在驼峰里的脂肪便被分解利用。我的毛长得很厚实，在沙漠里非常寒冷的时候，就像加了一层保温层。

　　"沙漠里水稀少，我有能够节约用水的鼻子。我的鼻子里有许多极细的曲折管道，这些管道被分泌出来的液体润湿着，当我体内缺水时，管道里立刻会停止分泌液体，并在管道的表面结上一层硬皮，这层硬皮能吸收从肺里呼出的水分，这样我体内的水分就不会丢失，在吸气时，刚刚吸收的水分又送回肺里。我能在体内反复循环利用水分，所以我不怕渴。

　　"另外，我的蹄子还有一层很厚的脚垫，走在沙子路面上，不会沉陷进去，所以我特别适合在沙漠上面行走。"

　　小孩继续追问："你既然有这么大的本领，为什么我现在一点也看不出来？"

　　骆驼仰着脖子茫然眺望远方，回答说："孩子，这里是动物园，可不是沙漠，'沙漠之舟'的本领，要在沙漠里才能体现出来啊！"

寄居蟹的"房子"

大海退潮了，海水慢慢退去，在平坦潮湿的沙滩上，一只螃蟹看见远处有一个海螺，于是横着朝它爬过去。

"海螺，你好！"螃蟹热情地打招呼，一边爬到了海螺跟前。

突然从海螺里伸出一大一小的一对螯足来："嘻嘻，你弄错了，我不是海螺，我是寄居蟹。"

"兄弟，你怎么弄个螺壳来背着呢？"螃蟹这才发现把大半个身体从螺壳里伸出来的寄居蟹。

"这个海螺壳妙极了，是我天然的'房子'。你看，我没有虾敏捷的游泳能力，又不具备你那样坚硬的甲壳，碰上要吞吃我的敌人，我怎么抵抗呢？如果没有海螺壳保护，只能任人宰割。"

"可是，我们蟹类怎么能把身体缩在螺壳里呢？"螃蟹不高兴地问。

"这你不必担心，缩在螺壳里，我感到舒服极了。你看，我的第二对步足较长，是步行的主要工具；第三、第四对步足较小，可以支撑螺壳顶部，爬动时身体不会从壳内滑出来。遇到危险，我只要往里面一缩，就可以安然无恙。"

"那你身体长大起来怎么办？"螃蟹又问道。

"当我的身体长大了，原来的'旧房子'住不下，没有合适的'空房子'，我就采取突然袭击，把活海螺肉吃掉，然后住进去。"寄居蟹颇为得意地说。

"捡别人的废弃物，这是很不光彩的；杀人夺'房子'，更是十分残忍，败坏我们蟹类的名誉。你不能这样做！"

"这可不是我的过错，我的老祖宗历来都是这样做的。"寄居蟹连忙辩解。

"你这个家伙为什么这样顽固？"螃蟹气愤地说。

寄居蟹看见螃蟹气势汹汹地舞动一对大螯，很害怕，慌忙缩进螺壳里，用一只大螯挡住了螺壳口。

螃蟹横冲过去，举起大螯要教训寄居蟹，当它碰到螺壳上面像五彩菊花一样的东西时，突然感到一阵刺痛："哎呀，这花有毒！"

"蠢货，我才不是花，我叫海葵，是海里的动物。我是寄居蟹的好朋友，你想欺负它，我可饶不了你。"海葵警告说。

"你敢把我怎样？"螃蟹不服气。

"我寄居在寄居蟹的'房子'上，让它驮着我行动，我们是最好的朋友，你敢动它，就是动我，我就用身上的刺丝来刺你。"海葵强硬地说。

螃蟹无可奈何，估量自己斗不过海葵，只好悻悻地爬走了。

鲨鱼告状

在蔚蓝色的大海中，几条不同种的鲨鱼游到一处，各自诉说起小鱼吃大鱼的可怕事情来。它们决定要告发小鱼对它们亲人的残暴和伤害，可是找谁去上告呢，讨论来讨论去，最后一致认为海中谁最大谁就最有本领和权威，蓝鲸是生活在海中最大的哺乳动物，它们决定去找蓝鲸告状。

它们找到了一条长33米、重160吨的蓝鲸，它呼吸时喷出的雾柱高15—16米，远远望去像喷泉。蓝鲸温和地接待了它们，并让它们把看到的情况讲出来。

大白鲨游到蓝鲸前面流着眼泪说："我的爸爸被一条不到半米长、全身灰黑色的盲鳗钻进肚子，不久就翻滚起来，肚子痛得嗷嗷叫，慢慢地全身没有力气，过了几天就在痛苦中死去了。原来盲鳗进了我爸爸肚子后，就吃它的内脏，把内脏吃完后才从它的肚皮钻出来。"

猫鲨摆动它2米长、重150多千克的身体，游过来说："这事一点不假，很多小鱼是用孙悟空钻进铁扇公主肚子里的战术弄死我们大鱼的。我的妈妈也是一口吞下一种小小的河鲀后，那条河鲀在我妈妈的肚子里鼓气，变成一个大'刺猬'，把我妈妈活活胀死。"

大青鲨也游到蓝鲸身边痛苦地说："还有更可怕的呢。我们一家住在红海里，那里有一种叫豹鳎的小鱼，身体扁扁的，仅有30多厘米长。我的弟弟吸到这种小鱼分泌的一滴乳白色的毒液，便全身瘫痪，动弹不得，眼睁睁看着无数豹鳎围上来拿它的身体来聚餐。"

这时虎鲨暴跳起来说："最可怕的是一种叫食人鱼的小鱼，它们成群在海中游来游去，牙齿像钢铁一样坚硬，而且锋利无比。我的哥哥有800千克重，平日生龙活虎，谁都怕它，可是被这种小鱼攻击时，眨眼就被噬得只剩一具白骨。"

噬人鲨、灰真鲨、姥鲨正要开口告状，这时蓝鲸听得烦了，对它们说："谁叫你们嗜杀成性，残暴凶恶，自称为'海中霸王'，难道只许你们吃小鱼，不许小鱼吃你们吗？这是自然界的规律，没有什么好抱怨的，大家都散了吧！"

动物气功师

有一只老青蛙，经常练习鼓气，当它看见自己的肚子被气体鼓得像一个圆球时，便以为自己成了个气功大师。为了炫耀自己的本领，它决定举办一次国际性的气功比赛，广邀天下气功奇才进行较量。到了比赛那天，果然有许多会气功的动物从四面八方应邀前来比赛。

比赛开始，老青蛙首先登台，它使出吃奶的力气鼓圆肚子，满以为会赢得满场掌声，可是只听到一阵嗤笑。

第二个上场的是变色龙（学名避役），只见它身体强烈充气膨胀，同时由于皮肤内色素细胞的迁移，还能快速改变体色，恐吓来犯之敌。它因此而得到观众的惊叹。

第三个上场的是从非洲赞比亚来的"拱桥鼠"，它用锁骨抵在台上，拱起脊骨，浑身鼓气，它的身体只有500多克重，可是一只大猩猩用脚踩上去它竟若无其事。现场响起了一阵掌声。

第四个上场的是从非洲尼日利亚来的扁鼠。大猩猩也用脚踩到它身上，可是一脚下去却把它踩扁了，顿时全场哗然，以为出了伤亡事故。谁知大猩猩一抬脚，扁鼠马上恢复原状。扁鼠的软气功得到了参赛者的赞赏。

第五个上场的是从西班牙马德里地区来的"绿色气功蛇"，它鼓起肚子里的贮气囊并很快把气体输送到全身，让大家用脚去踩。大象用力踩了一下，气功蛇安然无恙，摇头摆尾爬下台来，得到了热烈的掌声。

比赛快要结束时，又飞来一只气步甲，嚷着要参加比赛。老青蛙连忙上前去阻止，说："你这小小昆虫就别来凑热闹了。"谁知气步甲转过身去，用尾部对着它，"轰"的一炮把它轰得晕头转向，差点昏倒在台上。

气步甲说："我的身体内就像一个化学工厂，会产生许多'燃料'——过氧化氢和氢醌等，平时它们分别贮存在不同的地方。一旦发现大敌当前，或出现较大猎物时，我就立即收缩肌肉，将这些'燃料'一起挤入'点火室'。在那里，过氧化氢酶把过氧化氢分解成水和氧气，又使氢醌变成有毒的醌，醌溶解在水中，在氧气的压力下猛然从尾部往外喷射。我能连放十多炮，还能分别向四个方向射击。如果蝼蛄遇上我，我只要轰它一炮，它便会被击昏在地动弹不得。这就是我的气功。"

气步甲介绍完它厉害的气功，获得了长时间的热烈掌声。这时，蹲在台下的老青蛙羞愧得低着头，一声不吭，它终于明白了"山外青山楼外楼，更有英雄在后头"。

99

形状不同的鸟嘴

鸟王凤凰要了解各种鸟嘴巴的情况，于是在森林里举行了一次鸟嘴功能表演大会，许多鸟都飞来参加。大会开始，第一个跳出来表演的是小麻雀，它用又短又尖的嘴啄地上的谷粒，只一会儿，地上一片谷子便被啄光了。它说："我的嘴短小而粗壮，呈三角锥状，啄食谷物种子特别方便。像我这样的鸟还有黄胸鹀、文鸟等，由于我们经常飞往稻田里啄食谷物种子，人们把我们叫作'害鸟'。"

接着交嘴雀用它小钳子似的嘴巴，"咔嚓"一声咬开了一颗硬壳果。它说："像我这样有着特殊嘴型的鸟类不多，鹦鹉的嘴与我有些近似。我的嘴巴是专门用来钳出球形果里的籽的，特别硬厚的上嘴，很像剖开的半个牛角，压裂干果非常方便。"

这时一只鹈鹕走出来，说："我的嘴也是特殊型的，我的下嘴上带着一个很宽大的兜子，捕鱼时就是一个非常好的容器。"

轮到啄木鸟表演了，它用又尖又长的硬嘴啄开树皮，伸出带短钩的长舌头，钩出躲在里面的害虫。它说："像我们这类食虫鸟的嘴一般细长且尖得像钢针，适合吃幼小的虫

子。还有山雀等，专吃刚从卵里孵化出来的幼虫，或果实的虫眼里、叶腋里藏着的小幼虫，可以说是消灭害虫的能手。还有鸫鸟、鹊鸲的嘴，上嘴末端有点儿向下弯曲，能把树皮缝和土壤里的虫子掏出来吃掉。同鸫鸟差不多大小的伯劳鸟，它的嘴就更加粗壮，而且上嘴末端向下钩，不但能消灭大甲虫、大毛虫，而且有时还兼吃小型啮齿类动物和别的鸟类。长耳鸮每天能消灭三四只老鼠，是保护庄稼的好助手。兀鹰能啄食野兽的尸体，消灭自然界的垃圾。"

凤凰看得很入神，它想，鸟都没有手，它们要靠嘴啄东西吃，各自生活环境不同，吃的东西又不一样，嘴巴也就长成各种各样的了，这是鸟类长期进化的结果。

秋夜菜地里的争论

在一片菜地里，流浪歌手蟋蟀在肥大的菜叶下，弹奏着一支关于爱情的乐曲，"悉铃铃铃——悉铃铃铃——"的琴声，在这宁静的秋夜里传得很远很远。一只蝼蛄从洞里爬了出来，它是蟋蟀的远亲，身体小小的，浑身长满了淡茶色的天鹅绒般的细毛。它住在土里，平常是不肯轻易出来的，今晚月色太美了，它才爬出来逛逛，顺便找些菜叶、嫩叶心来吃。

"蟋蟀表哥，你总是那么潇洒，整天无忧无虑的，只知道弹琴。"蝼蛄打招呼说。

"蝼蛄表弟，你整天在泥土里躲着不敢出来，一出来人们可饶不了你呢。"蟋蟀停下弹奏说。

"人们为什么要这样对我？"蝼蛄紧张地问道。

"表弟，人们都说你是农业的大害虫，想方设法要消灭你。"蟋蟀照直说。

蝼蛄十分气愤，破口骂道："混蛋！说我是大害虫，要消灭我，那蚯蚓呢，它是什么虫？"

"表弟，人们都说蚯蚓是益虫。"蟋蟀肯定地说。

"要知道蚯蚓同我一样，也是在地下钻来钻去的呀！"蝼蛄感到很不公平。

　　这时菜地里钻出一条蚯蚓来，问道："你们在谈论什么呀？"

　　"我们就是在谈论你呀！"菜根边的蟋蟀回答说。

　　"我那么普通，那么平凡，有什么值得谈论的？"蚯蚓感到很意外。

　　"你可是大名鼎鼎的益虫，据说英国生物学家达尔文就赞颂过你，说'远在人类生存之前，土地已被蚯蚓耕耘过，并且还要被它们继续耕耘着'，你看这评价多高。"蟋蟀很认真地说。

　　"看你貌不惊人，长长的、肉肉的身体，怎么耕耘呢？"蝼蛄很不服气地舞动着它的两个前脚，说，"看我，

这两把'掘土铲'这么扁平肥大，尖端还长着锐利的扁爪，可以用它在地下挖掘长长的隧道，修筑我的地下宫殿，只有我才配称为'耕耘能手'。"

蚯蚓平静地说："我在土里吃、土里长，不靠什么铲子，而是用我的头部，这是一个土钻，前端的口前叶肌肉发达，伸缩力很强，不论多硬的土壤我都钻得动。"

蟋蟀接着说："对对，听说蚯蚓从不挑食物，总是把泥沙连同腐烂的动植物尸体一起吞进肚，经过消化液的消化，把废物变成粪便随时排出体外，这些排泄物就是已经改良的土壤。就拿这片菜地来说，地里的青菜长得这么肥嫩，就有你的功劳。蚯蚓，你说对吗？"

蚯蚓点点头说："是的，把土弄松、弄肥，使青菜长得更好，这是我要做的事。蝼蛄，你在菜地里挖掘隧道，要达到什么目的呢？"

"不瞒你们说，我只是想弄些蔬菜的根茎来填饱肚子。"蝼蛄边说边"咔嚓"一声咬断一片青菜叶。

蟋蟀拍着大腿说："对啦，你损害农作物的根茎，当然是害虫，人们为了保护种植的庄稼，当然要消灭你喽，这不明摆着嘛。"

蝼蛄眼见事实俱在，无可辩解，掉头爬进洞去。蚯蚓同蟋蟀道了声再见，钻回泥土里工作去了。菜地里，在一株青菜的根旁，蟋蟀仍在起劲地弹奏乐曲。

谁是模范妈妈

有一次动物评选模范妈妈，袋鼠、鳄鱼、狼和蜘蛛都满以为自己一定会被选上，结果却选上了狐狸，它们都想不通，便去向狐狸请教。

"为什么选模范妈妈大伙儿不选我？我的子女生出来只有2厘米多长，体重约5克，我把子女放到育儿袋里，我的乳房也长在育儿袋里，要过8个月的哺乳生活，直到子女长大了离开我。我受尽了千辛万苦，模范妈妈不选我太不公平了。"袋鼠诉苦说。

鳄鱼更加不平地说："我是卵生的。每当繁殖季节，我爬到陆地上，把生出来的蛋细心地埋在挖好的沙坑里，子女们孵出来需要几十天，我都守候在附近，寸步不离开。模范妈妈不选我是不公平的。"

狼也很不服气，说："人类都说我凶残，其实我对子女十分和善宽容。如果我失去了后代，遇到失散的人类婴儿，我会把他叼到窝里，用我的乳汁精心哺育他。像我这样怎么还当不上模范妈妈呢？"

蜘蛛听了更是愤愤不平，说："别看我们蜘蛛是种小生命，对子女可是体贴入微、仁爱至极的。我们在产卵前大多用蛛丝铺设产褥，把卵产在上面，再用蛛丝加以覆盖，做成外裹坚厚丝缎、内铺松软丝被的卵囊以避风雨。为了避免意外，我们对卵囊更是精心安置，细心照料。我们中的白条锯足

蛛常把卵囊挂在植物叶子下，母蛛在卵囊边日夜守护，以防不测；有的结网的蜘蛛则把卵囊挂在网上，雌蛛就在附近生活，时刻照应它们；狼蛛干脆把卵囊放置在纺织突上，带着卵囊行走，假如卵囊被取走或丢失，它就焦急不安地徘徊寻找，久久不肯离去；盗蛛在产卵后则用口器含着卵囊生活，唯恐发生意外。我们不仅对卵囊精心守护，而且对刚孵化出来的幼蛛更是关怀备至。日本红螯蛛对后代的爱更加感人，幼蛛在产卵室内孵化出来后，就爬到守护在旁的母蛛身上，不久即开始啮食母体，而母蛛却心甘情愿地忍受它们的吞食，直到母尸横地。我们这样对待子女，就更应该得到'模范妈妈'的称号。"

听完大家说的，狐狸诚恳地说："你们护理子女的确辛苦和精心，甚至忘我。我护理子女也是十分细心的，当子女不能自己寻找东西吃的时候，我除了给它们哺乳，更不辞劳苦地整天在外面为它们找食物。我有六个子女，每次回窝一定要口衔六份食物，决不让一个子女落空。可是更重要的是教育子女。"

"那你究竟是怎样教育子女的呢？"大家一齐问道。

"当我的子女长到能自己寻找东西吃时，我便经常把它们赶出去学会处理各种复杂的事情，在同困难、危险搏斗中增长才能和智慧。"

胎生还是卵生

有一次，一只母鸭嘴兽到海边找小虾、小贝吃，遇上游到岸边来的一条母海蛇，大家都快要当妈妈了，于是相互攀谈起来。

鸭嘴兽对海蛇说："听说爬行动物都是卵生的，我想你的小宝宝也一定是卵生的啰？"

"不对，我不是卵生的，而是卵胎生的。"海蛇扭动着细长的身体说。

"什么叫作卵胎生呀？"鸭嘴兽感到很新奇。

"好，让我来告诉你吧。"海蛇有点好为人师地说，"鱼类、鳖类、鳄类都产卵，许多种类的蜥蜴和蛇也产卵，可是别以为爬行类都是卵生动物，还有不少种类的蜥蜴和蛇，包括我们海蛇在内，都生产与我们自己一样的立即可以活动的幼年动物。从这一意义来说，有人称之为'胎生'。不过这种'胎生'同你们哺乳动物真正的胎生有些不同。一般来说，我们这样'胎生'的爬行动物，只不过是我们的卵停留在母体输卵管中发育，发育中的胚胎所需的营养都来自卵黄，与母体没有直接关系，所以严格来说，应该叫作'卵胎生'。"

"卵胎生比卵生好一点吗？"鸭嘴兽问道。

"卵胎生虽然不如胎生进步，但无疑是比卵生进步的一种生殖方式，因为后代可以得到母体更多更好的保护。"海蛇回答说。过了一会儿，它问鸭嘴兽："听说兽类都是胎生的，我想你生小宝宝一定是胎生的啰？"

"这你也搞错了。我生下的不是小兽，而是一两个不到2厘米长的蛋，蛋很柔软，用手碰一下就会变形，这时我就像

鸟类一样伏在蛋上孵蛋。蛋内的胎儿受到温度的影响开始发育长大，蛋亦随着增大，经过10—20天，小鸭嘴兽便破壳而出。刚出壳的小鸭嘴兽，长约3厘米，盲目无尾，我就用乳汁喂养它。我有乳腺但无乳头，乳汁从乳腺顺着毛流到腹部小沟里，然后仰卧着让小鸭嘴兽爬到腹部的沟边缝中舔食。经过四个月的哺乳生活，小鸭嘴兽便可独立谋生。"

"像你这样卵生的兽类还有吗？为什么会有这种卵生现象呢？"海蛇好奇地问道。

"听说人们还发现了一种罕见的动物，叫针鼹，也是卵生的，外形很像刺猬，口中无牙，用黏湿的长舌头快速舔食蚂蚁和白蚁。针鼹到了繁殖期，母兽腹部长出育儿袋，产卵后，用嘴将卵衔入育儿袋中孵化，卵的大小同我差不多，卵内只有卵黄没有卵白。小兽出世后留在袋中，从母兽的毛束下舔食滴落下来的乳汁，经过50天左右才长大，这时母兽的育儿袋就消失了。世界上的4000多种兽类中只有我们鸭嘴兽和针鼹是卵生的。至于为什么有这种卵生现象，大概是因为我们身上残存着我们的祖先爬行动物的某些特点吧。"

鸭嘴兽和海蛇都忘记了事物存在着特殊性，所以误解了对方的生育方式，好在通过这次交流，双方都增长了知识。

乌贼的"绝招"

乌贼在茫茫大海中，当遇到比自己强大的敌人进攻时，就会从身上的墨囊里喷出一股又浓又黑的墨汁来，把周围的海水染黑，迷惑敌人，乘机逃跑。

乌贼不止一次如此逃脱，它自信用此"绝招"是绝不会让自己落入敌手的。于是，每年的清明、谷雨、立夏时节，乌贼们总爱成群结队从远洋回到浅海来产卵，一有响动便一齐喷出墨汁来把海面染成一片黑色，它们以为这样便可平安无事，殊不知渔民早就摸透了乌贼的这种习性，专门往乌黑的海水中下网捕捞，一捞一个准。

乌贼正是由于不分场合地使用这个"绝招"，才葬送了自己的性命。

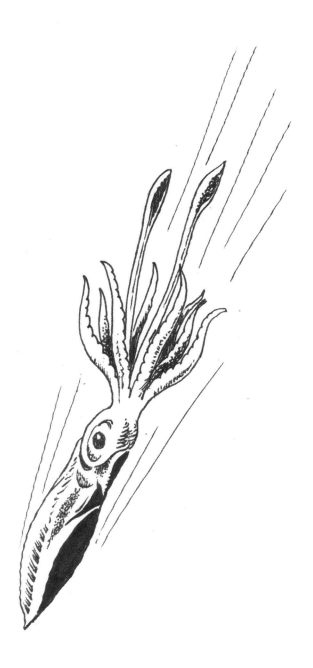

猴子抓"虱子"

熊猫跟猴子交朋友，它们经常在一起谈心、做游戏，成了一对亲密的伙伴。可是过了不久，熊猫对猴子慢慢感到讨厌了，它看见猴子经常在皮毛里翻来覆去寻找虱子，还把找到的虱子吃掉，它生怕猴子身上的虱子会爬到自己身上来，所以老是离猴子远远的。

"请你别靠近我，你身上有虱子！"一次熊猫大声制止想同它亲近的猴子。

猴子大吃一惊，连忙声明说："我身上从来没有虱子。"

"那你干吗要经常抓虱子呢？"熊猫当然不会相信。

猴子从自己的皮毛里找出一颗小小的白色颗粒来，递给熊猫看："我找的是这种东西，是我身上的汗蒸发后留在皮肤上的结晶盐，这种盐放进嘴里味道特别鲜，不信你也尝一尝。"

熊猫感到很不好意思，它很后悔由于自己观察错误而疏远了好朋友猴子。

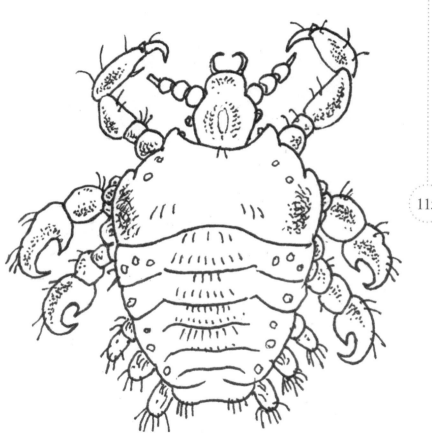

小昆虫的大贡献

白蜡树很瞧不起寄生在它身上的白蜡虫。

"看你这像芝麻大的小不点，有什么用呀？"

"我能分泌很多白蜡。"白蜡虫回答说，"白蜡能提高油蜡的熔点，可以用来磨光布匹、器皿、纸张，还可以用来制造科学模型、药丸外壳和绝缘物品。"

"可是就算你能分泌白蜡，我看数量也太微小了。"

"这你就估计错了，别看我身体小，我也可以为人类做大贡献的。"白蜡虫很不服气地说，"像我的好朋友紫胶虫，在一平方厘米的树枝上就有一两百只，它分泌的紫胶树脂用途可大哩，可以用来涂饰飞机机翼，许多重要军事物资的制造都离不开它呢。"

"小昆虫有大本领的就是你们这两种了吗？"白蜡树又问道。

"像我们这种昆虫叫资源昆虫，还有洋红虫、角倍蚜、桑蚕、柞蚕、蓖麻蚕、蜜蜂等。"白蜡虫说，"洋红虫是做胭脂的材料。角倍蚜的虫瘿叫五倍子，是制革的重要原料。其他几种昆虫的本领也大着呢！"

从此白蜡树再也不敢小看白蜡虫了，心甘情愿用自己的身体供给它营养。

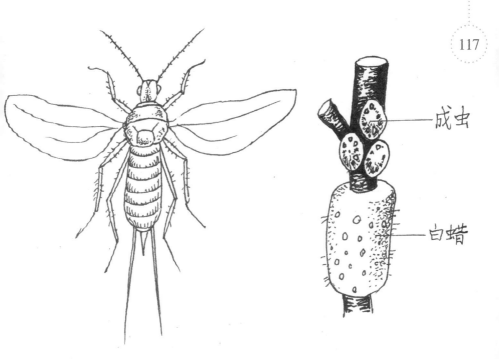

成虫

白蜡

鹦鹉学舌

一只小麻雀对一只鹦鹉说："人们常责备那些不肯动脑筋、照搬上级指示的人是'鹦鹉学舌'，我真替你感到害臊。"

鹦鹉不以为然地说："你用不着替我感到害臊，会讲人话的鸟可没几种，我觉得我还挺厉害的呢。"

"人们为什么不说别的鸟儿'学舌'呢？"小麻雀问道。

"因为我的舌头肉多，舌尖也较圆，学说话比较容易。其他鸟类如八哥、鹩哥，经过训练，也能够讲人话的。"

这天鹦鹉的主人乔迁新居，亲朋好友都上门祝贺，对主人高声说："恭喜你喜事临门，大吉大利！"鹦鹉听到了，也学舌说："恭喜你喜事临门，大吉大利！"主人很高兴，奖励它一顿美食。

后来主人母亲去世，亲朋好友都上门吊丧，都不高声说话。鹦鹉认为表现自己的机会来了，它又学舌说："恭喜你喜事临门，大吉大利！"不料这回主人找来扫帚，打得它四处乱飞乱跳。小麻雀在一旁看得叽叽喳喳笑个不停。

乌龟的老经验

乌龟有一次爬到河滩上散步，想不到竟碰上了狐狸，狐狸毫不客气地一口将它咬住。乌龟大吃一惊，慌忙把头脚缩进坚硬的龟壳里，狐狸咬来咬去，差点把牙齿都咬掉了，还是吃不到乌龟肉，气得把乌龟丢下河，悻悻而去。

这件事让乌龟一想起来就笑痛肚皮。"啊呀！我这龟壳真是无价之宝，有了它什么都不怕了。"它得意地想。

有一次乌龟又在河滩上玩耍，突然天空中冲下来一只大胡兀鹰，把乌龟紧紧抓住，这种居住在西北地区山麓的猛禽体型巨大，样子又难看又凶恶。"乌龟，你碰上我算你倒霉，你快要完蛋了！"

"我才不怕你呢。"乌龟镇定地说，"看你能把我怎么样！"乌龟把头脚往龟壳里一缩，满以为又像碰到狐狸那次一样能逢凶化吉。谁知胡兀鹰扇动双翅，把乌龟抓住带上了高空，然后对着山岩投掷下来。"啪"的一声响，乌龟掉到岩石上，它感到身上一阵剧痛，这次乌龟终于变成了胡兀鹰的一顿美餐。

损人利己的杜鹃

杜鹃产下一个蛋来，可是它觉得做妈妈太麻烦了，要孵蛋，还要育雏，真是烦死了。怎么办呢？它考虑了很久，最后决定让别的鸟儿为它义孵、代育孩子。

于是它用嘴衔着产下的那个蛋，飞到夜莺的巢外。时机很好，夜莺不在巢内，它赶快把那个蛋放到夜莺的蛋当中。这时，夜莺才从外面飞回来。

"夜莺小妹，你好呀！我是来看望你的。"杜鹃一点也不慌张。

夜莺看到自己的蛋还在，也就相信了杜鹃的话。它们闲聊了一阵，杜鹃才飞走。

过了不久，小杜鹃就被夜莺孵出来了。它用自己的身体，把巢内别的夜莺蛋和孵出来的小夜莺统统推落巢外，由它来独占夜莺妈妈的抚养。而夜莺妈妈一点都不知道自己的下一代已经被害，仍然辛勤地找虫子来喂养自己仇人的孩子。

小杜鹃一天天长大了。不久，它就悄悄飞走了。等到这只小杜鹃要做妈妈时，它也同样用损人利己的阴险办法去害别的鸟类。这样，杜鹃损人利己的坏名声传遍了飞鸟界，其他鸟儿都对它保持警惕。

败坏了名声的黄鼠狼

黄鼠狼身体又细又长，四条腿很短，能钻进很窄的墙缝和洞穴里，还能爬树、爬墙、游泳。

黄鼠狼平时总是在田野上捉田鼠吃，一年不知道要吃掉多少只田鼠。

有一次，黄鼠狼捉田鼠时，那只狡猾的田鼠往村子里逃命，它当然穷追不舍。田鼠逃进一个院子里，钻进鸡笼底下不见了，黄鼠狼看见笼里有鸡，它想捉不住田鼠就偷一只鸡来吃吧，只偷一只，农民是不会知道的。当它叼着鸡往外跑时，被闻声而来的农民发现了，农民拿着棍棒来追打它。黄鼠狼虽然逃脱了，保住了性命，但从此落得一个"偷鸡贼"的坏名声。它很后悔，但是一失足成千古恨，后悔也没有什么用了。

其实，黄鼠狼是很少吃鸡的，它主要是捉田鼠吃，还吃一些农作物的害虫，像玉米螟虫和棉花蛉虫，能对农作物起到很大的保护作用，是有益的小动物。

动物气象员

天气很闷热，一只燕子在草坪上低飞，像一道黑色的闪电，飞呀飞呀，它发现了草丛中的癞蛤蟆和蚂蚁。

"喂，快来呀，我告诉你们一个有趣的消息。"燕子收起翅膀，停在附近的地面上大声喊道。

癞蛤蟆蹦蹦跳跳地跑过来，蚂蚁也停止搬运粮食。"什么有趣的消息？快告诉我们。"它们异口同声问道。

"你们知道吗？我听到人们议论我们，称我们为'动物气象员'呢！"

"这是为什么呢？"癞蛤蟆和蚂蚁都被弄糊涂了。

"因为快下雨之前我飞得很低，人们发现了这一点，便说'燕子低飞有雨'。"燕子说，"其实是因为下雨之前，气压降低，湿度升高，空气中的水汽很多，许多小飞虫被沾湿了翅膀，负重增大，无法高飞，我为了逮住它们，当然只好低飞了，并不是为了预报天气。"

"人们也说我'癞蛤蟆白天出洞，下雨靠得稳'。"癞蛤蟆也插嘴说，"说实话，我出洞是有原因的，我的肺呼吸功效不大，得借助皮肤的呼吸来获得所需要的氧。因此我必须保持皮肤的润湿，才能使空气中的氧溶于皮肤黏液，再由皮肤进入血液。白天，如果天气晴朗、干燥，我的皮肤呼吸会受阻，就只好躲在洞中，不出来活动。而大雨前，空气湿度增大，所以哪怕白天我也跳出洞来活动，当然也不是为了预报天气。"

"人们也说我'蚂蚁搬家，大雨哗哗'。"蚂蚁说道，"其实我搬家是为了赶在下雨前把'粮草'搬往安全可靠、地势较高的新居。"

"是的，我们的行为虽然与天气变化有关，但是只有善于观察的人们发现了这种联系，才能起到预报天气的作用。"燕子最后说。

鲸鱼不是鱼

一条大白鲨在海洋中游动，它看见前面来了一条蓝鲸，大得像一艘浮出水面的潜水艇，它的身边带着一条小蓝鲸。

大白鲨想讨好蓝鲸，它游过去对蓝鲸说："蓝鲸妈妈，你的身体像一座小山，浑身充满力量，真是我们鱼类的英雄，我为你感到无比骄傲。"

蓝鲸喷着一条高高的水柱，回答道："你弄错了，我不是鱼类，是生活在海洋中的兽类。"

"我不信，你分明是一条大鱼，怎么说是兽类呢？你是开玩笑吧！"大白鲨摇摇头说。

"谁同你开玩笑！我的确是兽类。我的祖先有四条腿，能在陆地上行走。后来为了适应海洋生活，把前腿变成游泳的鳍，后腿则退化了，不过在母蓝鲸怀孕的体内，科学家还可以看到胎儿的后腿，我们的鳍上有五个指骨。"

大白鲨还是不相信，脑子一转又提出一个问题来："据我所知，兽类的身体都是保持一定温度的，你身上有温度吗？难道在水中不怕冷？"

"当然有温度，我们鲸类身上都有一层厚脂肪，在冰凉的海水中能保温，不像你们鱼类身上冷冰冰的。"

"蓝鲸妈妈，兽类大多给幼仔哺乳，你也能吗？"

　　这时小蓝鲸听到大白鲨说哺乳，马上感到了饥饿，很快游到妈妈的腹部找奶吃。

　　大白鲨看见蓝鲸妈妈喂小蓝鲸，顿时感到很没趣，转身游走了。

129

海鸥和轮船

在茫茫大海中，几只海鸥尾随着一艘轮船飞翔，仿佛是轮船上放出的纸鸢。

轮船不懂海鸥为什么要追随它，于是问道："海鸥，你们为什么老跟在我后面飞翔呢，是担心我在远航中感到寂寞才来陪伴我的吗？"

"不，我们跟着你是因为在你的上空有一股特殊的力量，能托住我们的身体，使我们不用舞动翅膀也可以翱翔。"一只海鸥说。

"这股力量是我发出的吗？"轮船有些莫名其妙。

另一只海鸥回答说："不，这股力量的问题我做过研究。在大海中，由于大气中的气温差异，造成气团的移动，在移动过程中如果遇到阻挡，就会上升形成一股强大的气流，这种气流称为动力气流，又称流线气流。由于你的身体阻挡了这股气流，我们跟着你，巧妙地利用它，就能托住自己的身体，不费力气地飞翔。"

"跟随着你还有一个原因，就是当你航行的时候，你的推进器常常把水里的鱼儿打翻上来，使我们很容易找到吃的东西。"海鸥又说道。

"原来你们是为了私利才跟着我的。"轮船这才恍然大悟。

突然，有许多飞鱼在轮船附近凌空飞出水面高达五六米，纷纷落到轮船的甲板上。它们张开占身体三分之二长度的胸鳍，依靠这对特别发达的胸鳍跃出水面，在低空中滑翔。

"飞鱼，你们不在海里，怎么飞到我身上来了？"轮船吃惊地问。

"我们遇到了金枪鱼的追捕，情况十分危急，只能拼命游泳逃避。当接近海面时，我们就把胸鳍和腹鳍紧贴在身体两边，然后依靠强有力的尾部剧烈地摆动，使之产生一种后推力，把身体推出水面。一出水面，我们就张开胸鳍，迎着气流滑翔，想不到没有落回水里，竟落到你身上，希望你保证我们的安全。"飞鱼们大声嚷嚷。

"当然，我会尽力保护你们。"轮船诚恳地回答。

可是，这些飞鱼被追随轮船的海鸥发现了，海鸥凶相毕露，轮番俯冲下来，把飞鱼叼走。轮船虽然痛恨这些自私自利的海鸥，同情飞鱼，但是又有什么办法呢！它只能鸣笛为牺牲了的飞鱼志哀。

蚂蚁小黑养"奶牛"

冬天快要来临，树叶一片一片从树上飘落下来，野草也变得蔫黄。棉田里的棉花早被农民收走了，地里还剩些棉茬，天气一天比一天冷，蚂蚁小黑和它的伙伴们加紧在棉田里寻找美味的食物，准备搬回蚁窝里，贮藏起来过冬。

这一天，它们在一株棉茬旁边看见了几只冷得缩成一团的小虫子。小黑走过去一瞧，发现其中最胖的那只是它夏天在棉苗上遇到过的一只蚜虫，当时它正用像针一样尖锐的嘴插进棉苗的叶子里吸食汁液。小黑用触角碰了它一下，然后又用前脚在它背上抚摸并轻轻拍了几拍，蚜虫便心领神会，赶快从屁股分泌出一滴液体来招待小黑。小黑非常喜欢这种东西，狼吞虎咽吃起来，不一会儿便吃饱喝足了。

"你叫什么名字？"小黑问道。

"我叫胖胖，欢迎你常来享用我挤出的'奶'。"蚜虫可不好意思讲明这是它拉出来的粪便。

"谢谢，你的'奶'太可口了。"小黑抹着嘴，恋恋不舍地走过去同伙伴们商量了一会儿，决定将这些蚜虫当作贵宾请回窝里去过冬。它们又抱又背，花了许多力气才把这些快冻僵的蚜虫弄回蚁窝里。

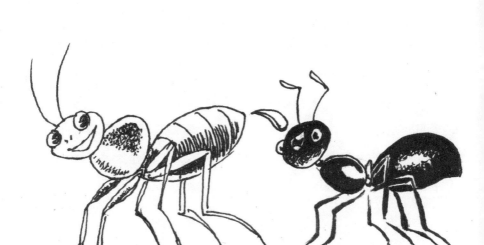

胖胖和另外几只蚜虫在暖和的蚁窝里感到很舒服，舒展着身子，一齐对小黑它们表示感谢救命之恩，并表示以后一定努力供"奶"。小黑更是高兴地将蚁窝里最好的食物搬来给胖胖它们充饥，供养它们，照顾得十分周到，让它们舒舒服服地过冬。

春天来了，农民伯伯在棉田里种的棉苗慢慢生长起来，小黑驮着胖胖从蚁窝里出来，爬到棉苗上，把胖胖放在一片鲜嫩的棉叶上，让胖胖吸食棉叶上的汁液，小黑则继续享用胖胖挤出的"奶"。

这时，飞来了一只七星瓢虫，它怒气冲冲地要咬死胖胖。小黑马上过去阻拦说："不得无理，这是我养的'奶牛'。"

"快让开，我要消灭它，难道你不知道蚜虫是害虫吗？"七星瓢虫气愤地说。

"我劝你少管我的事，我养的'奶牛'决不许你碰一下，快滚开！"小黑威胁说。七星瓢虫和小黑打起架来。小黑喊来了同伴，仗着蚁多势众，四面围攻七星瓢虫，七星瓢虫寡不敌众，只得振翅飞走了。可是从此以后，小黑养"奶牛"的丑闻传遍了昆虫界。

螃蟹为什么横行

　　螃蟹非常不满意自己横着爬行，一天它看见虾能在水中后退着游，还游得很快，就下决心向虾学习。虾耐心地一遍又一遍教螃蟹，说要弓腰、反弹、后退，螃蟹累得气喘吁吁，可还是学不会。虾看着螃蟹说："我能退着游是因为我的身体由一节一节的虾壳包裹着，能弯曲又能伸直，极富弹性，而且我的脚在腹部像一排小桨，能有力地一齐拨水，使身体很快向前推进和后退。这些条件你都不具备，怎么能学习我的行动呢？"螃蟹想想，觉得虾说得很有道理，便放弃了向虾学习。

　　螃蟹看见青蛙一蹦就是1米多，又快又矫健，于是决心改向青蛙学习。青蛙耐心地一遍又一遍教螃蟹，说要用力伸直后腿，纵身向前，螃蟹累得满头大汗，可还是学不会。青蛙看着螃蟹说："我能跳着走是因为我有两条粗壮有力、善蹦善跳的后腿。这个条件你根本不具备，怎么能学习我的行动呢？"螃蟹想想，觉得青蛙说得很有道理，便放弃了向青蛙学习。

　　螃蟹又看见蛇在地上爬行很快，一眨眼便滑行了好几米，于是决心改向蛇学习。蛇耐心地教螃蟹，说要收缩肋皮肌，让肋骨向前移动，使身上的鳞片稍稍翘起，让翘起的鳞片尖端像脚一样踩在地面或其他物体上，推动身体前进，螃蟹累得两眼发花，可还是学不会。蛇看着螃蟹说："我能滑行是因为我没有胸骨，而我的肋骨能前后自由活动。我的椎骨上除一般的关节外，在髓弓的前端还有一对椎弓突，与前一椎骨髓弓后端的椎弓凹构成关节，这样不仅使我的椎骨互相连接得更牢固，而且增强了我身体左右弯曲的能力。这些条件你都不具备，怎么能学习我的行动呢？"螃蟹想想，觉得蛇说得很有道理，又放弃了向蛇学习。

螃蟹认真看了看自己，一个大甲壳，两只大螯，瘦长的四对腿儿，所有的关节只能向下弯曲，而不能向前后弯曲，不管怎样都只能先用一边的腿尖抵地，再用另一边腿直伸起来，把身体推过去，横着移动。没办法，螃蟹还是只能继续横行。

蚂蟥叮叮找工作

蚂蟥叮叮住在水塘里，它是一只环节动物，灰绿色的身体长约5厘米，前后都长着吸盘。它平日靠吸血生活，人们都说蚂蟥听不得水响，一有人或别的动物下水，便会被叮叮用吸盘吸附在身上吸取鲜血，所以人们都咒骂它是"吸血鬼"，非常痛恨它。

叮叮很想洗脱自己这种丑恶的名声，去找一份适合自己干的工作，做些对人类有益的事情。于是它从水塘爬上岸来，一步一弓地走着。

"蚯蚓，请你告诉我，我可以做什么工作？"叮叮拦住蚯蚓打听。

"你可以像我一样，钻到地下去为人们松土。"蚯蚓教它。

叮叮试了一下，一点力气都没有，哪能钻进地里呢，更谈不上松土了，只好说："我周身软塌塌的，这种工作干不了。"

蚯蚓说："你去找小蜜蜂吧，它见多识广，也许能为你找到工作。"

叮叮找到了小蜜蜂："小蜜蜂，请你告诉我，我可以做什么工作？"

"你可以像我一样，飞到花枝上去为人们采花酿蜜。"小蜜蜂教它说。

叮叮连地面都离不开，哪能飞呢，只好说："我没有翅膀，这种工作干不了。"

小蜜蜂脑筋一转，说："那你去找医生，请他安排你一份工作，我想不会有问题的，前些时候医生还请我去为患风湿性关节炎的人治疗呢。"

"你怎么为病人治疗呢？"叮叮好奇地问。

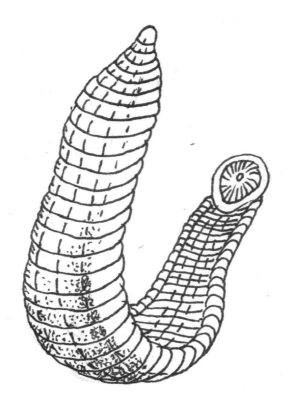

　　"医生把我放在病人的患处，让我用蜂针来刺患处，据说蜂毒可以治好风湿性关节炎。"

　　叮叮满怀希望地找到了医生："医生，请你告诉我，我可以干什么工作？"

　　医生看着它，笑着说："你来找我就对了。"

　　医生把叮叮放在断指再植病人的伤口上，叮叮边吸血边释放出阻止血液凝固的水蛭素，这样病人伤口上的血液就不会凝固，叮叮吸饱血脱落后几小时内，伤口仍然继续自动放血。

　　医生说："断指再植手术成功的关键，就在于手指里面的动脉、静脉是否吻合接通。手术后，由于新接上的动脉、静脉机能还没有恢复正常，局部的血液循环还不够通畅，因此，经常会出现肿胀、淤血、疼痛等症状。过去是用针刺放血的办法，使局部血液循环通畅，但这样会破坏周围肌肉组织，影响伤口的愈合。现在利用你来帮忙吸血，把腐败的血液全部吸出来，新鲜的血液就能源源不断地流动，血活了，淤化了，肿痛消退了，断指再接手术获得成功的概率就更大了。"

　　叮叮吃饱了肚子，又听了医生对它的评价，特别高兴："要是小蜜蜂能听到就好了，我给病人治病，为人类做了有益的事。"

　　医生又说："可是，你会传染疾病，有的蚂蟥还能钻进人的鼻腔、气管、尿道等地方，给人类健康造成极大的危害。"

　　叮叮听了，顿时又不开心了。

夏夜虫鸣

知了在树上唱了一整天，直到有些凉意的晚风吹拂时才停下来。这时树下的草丛中不停地传来"喔喔喔"的声音，它想，这是谁在唱歌呀？为了弄个明白，知了从树上飞下来，循声寻找，看到原来是一只蟋蟀闭着嘴在唱歌，于是它问道："你嘴都不张，是怎样唱得这么好的？"

蟋蟀回答说："我不是用嘴巴来唱歌的，是靠摩擦发音。你看，在我的复翅上长有刮器和音锉，我想唱歌时复翅举起，向左右两侧迅速张开与闭合，这时左复翅上的刮器与右复翅上的音锉接触和摩擦，右复翅上的刮器与左复翅上的音锉接触和摩擦，造成复翅的震动而发出'喔喔喔'的声音。"

停了一会儿，蟋蟀对知了说："你整天在树上唱，嘴巴不累吗？"

知了回答说："我的歌声也不是用嘴巴唱出来的，而是从我肚子上发出来的。我的发音器是腹部的第一节，那里的两侧有两片盖板，盖板和声鼓间有一空腔，叫共振腔，能增加声音的强度，由于鸣肌加速收缩和松开引起鼓薄膜的振动而发出'知了知了'的声音。"

"每只知了都这样叫吗？"蟋蟀好奇地问道。

"不，只有我们雄性的会叫，雌性的肚子上没有音盖，发不出声音来。"知了反问道，"你知道还有谁靠摩擦发音吗？"

　　蟋蟀回答说："凡是直翅昆虫中类群的雄虫，大都靠摩擦发音，其中要数蝈蝈最有名。"

　　这时有只蚊子从它们头顶飞过，知了听到"嗡嗡"的声音，于是又问道："不知道能发出'嗡嗡'声音的蚊子、苍蝇、蜜蜂又是属于哪种发音呢？"

　　蟋蟀回答说："它们都没有特殊的发音器官，是靠飞行时翅膀振动来发音的。只有水田里的青蛙与众不同，它的头部两侧生着一对圆球，这两个圆球样的声囊一鼓一鼓的，就能发出'呱呱'的歌声来。"

　　知了听了蟋蟀的一番话，心里想：真想不到这夏夜里的小小歌手们竟藏着这么多秘密。它明白了对任何事物要了解真相，都要做深入细致的考察和研究，而不能只在树上唱"知了知了"的高调。

长鼻子和长脖子

大象和长颈鹿是森林里的一对好邻居。大象那长长的鼻子，有扁担那么长、消防水管那么粗。长颈鹿是世界上最高的动物，身高可达到近6米，而它的脖子和头的高度占整个高度的一半以上。

这对邻居经常在夜深人静的时候谈心。

"大象，你的鼻子一直都这么又大又长吗？"长颈鹿问道。

"没有，我祖先的鼻子可不是这样的，后来由于躯体渐渐肥大，身体也渐渐变高，于是嘴和地面的距离越来越远，取食地上的草类越来越难，在长期的生存斗争中，我们象的上唇慢慢地延长了，鼻子也跟着上唇伸长，这样，取食拾物就很方便。"大象回答说。

隔了一会儿，大象问长颈鹿："好邻居，那你的脖子一直都这么长吗？"

长颈鹿回答说："我祖先的脖子也并不特别长，我祖先生活的地区由于自然条件变化而成为干旱地带，牧草稀少，为了生存下来，必须取食高大树木上的叶子充饥，那就要努力伸长脖子，这样经过许多代之后，我们长颈鹿的脖子才慢

慢变长的。"

　　大象听了长颈鹿的话，感叹地说："原来我的长鼻子和你的长脖子都是用进废退的结果啊！"

　　长颈鹿也说："对呀，还有一个原因呢，就是获得性遗传的结果。"

小公鸡变成落汤鸡

小公鸡很爱逞能，以为自己能干一切事情。当它看见小母鸭轻松地在小河里游来游去时，便认为游泳是件很容易的事情。

"喂，小母鸭，你快过来。"它大声喊道。

小母鸭游到岸边问："小公鸡，叫我做什么呀？"

"我要同你比赛游泳。"小公鸡骄傲地说。

"什么，你要同我比赛游泳？你能游泳？我看你疯了。"小母鸭真有点不相信自己的耳朵。

"就是要同你比赛游泳！"小公鸡说完，纵身跳进小河里。谁知河水紧紧裹着它的身体，使它动弹不得，身子像个秤砣直往下沉。

"哎呀，救命！"小公鸡惊慌失措，拼命挣扎。小母鸭赶紧游过去，用自己的身子把它托住，用力往岸边推，费了好大力气才把它救上岸来。

小母鸭给小公鸡做人工呼吸，让它把吸进去的水吐出来，还帮它擦干湿漉漉的身体。太阳晒干了小公鸡的羽毛，过了好一阵它才缓过气来。

"为什么你能游泳，我却不能呢？"小公鸡问道。

小母鸭摆摆屁股说："我的身体结构跟你不一样，我体内许多地方及内脏周围有厚厚的脂肪，尾部又有一对很发达的尾脂腺。我的尾部能分泌很多油脂，我常用嘴把油脂抹在自己周身的羽毛上。我经常梳理湿的羽毛，除掉上面的水，还涂上一层油，使羽毛具有不透水的功能，这样就能产生一种浮力，把我的身体浮在水面上……"

"我也有尾脂腺，也有羽毛呀，为什么我一下水，羽毛就沾湿了？"小公鸡又问。

"你的尾脂腺分泌的油脂比起我的来，简直少得可怜；你的羽毛比较少而粗，所以被水一沾就湿。"小母鸭接着说，"还有我的脚趾中间有蹼，在水里像小船的桨，可以划水前进。你的是爪子，没有蹼，划不了水。"

小公鸡经过这次挫折，终于服输了，它骄傲自大、遇事不动脑筋蛮干的缺点也得到了改正。

发光的秘密

萤火虫亮亮因为自己尾部发光，认为这是很了不起的一件事，因为它看到小伙伴蜜蜂、蝴蝶虽然勤劳又美丽，可就是不能发光。

一个夏夜，亮亮发着光飞来飞去，四处游玩。它突然发现田边一段柳树朽木里闪着一种浅蓝色的光芒，便飞过去细看，原来是寄生在朽木中的一种假蜜环菌在发光。

"假蜜环菌，你怎么也发光？"亮亮觉得很奇怪。

"我怎么不能发光？"假蜜环菌说，"除我之外，能发光的生物多得很，像一些细菌、真菌，蠕虫、珊瑚虫、水母，还有一些甲壳类、软体动物和鱼类等，都能发光，甚至有些树木也能发光。"

啊，原来发光不只是萤火虫所特有的本领，亮亮心里感到很失落。它掉转头飞走了，飞呀，飞呀，它从一扇窗子飞进一个房间，房间里没有人，书桌上亮着一盏日光灯，亮亮落到日光灯下面，在强烈的光照下，亮亮突然发觉自己尾巴上那点光亮是多么微弱、暗淡。

"日光灯，请你告诉我，你发出的光为什么这样亮？"亮亮不安地问道。

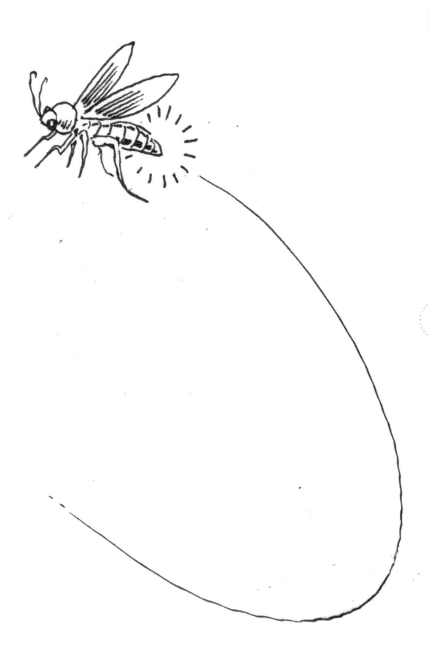

　　日光灯笑着说："萤火虫，说起我的发光，还是向你学习来的呢！"

　　"你是在取笑我吗？"亮亮一点都不相信。

　　"不，我说的是实话。"日光灯认真地说，"你知道你为什么会发光吗？不知道吧，那我告诉你。你的腹部有个发光器，这个发光器分成三部分：发光层、发光层下面的反光层和在发光层上面形成小窗孔的透明表皮。发光层里有几千个发光细胞，它们都含有萤光素和萤光素酶。在萤光素酶的作用下，萤光素和氧化合便发出荧光。在你身体内有一种高能化合物——三磷酸腺苷，这是光的能源，萤光素在每次发光后，依赖与它的相互作用而再生。

　　"科学家在研究你的发光器中受到启发，从你的发光器中分离出了纯萤光素，后来又分离出了萤光素酶，再用化学方法人工合成了萤光素——冷光源，这样才有了我的产生。由于这种光源不用电，不产生大量的热，因此可以在充满瓦斯的矿井中代替电灯照明，也可以作为深水作业的潜水员和工人的照明用灯。科学家用萤光素和萤光素酶组成的生物探测器，发往高空或其他星球表面，还能探知那里是否有生物存在呢。"

　　"想不到我的发光还能对人类产生这么大的用处。"亮亮听了日光灯的话，感到很大的安慰，不再有失落感。

红眼不是病

兔子小白照镜子，发觉自己的眼睛是红色的，可是妹妹小灰和弟弟小花的眼睛都是黑色的。"难道我害了红眼病吗？"它心里很害怕，于是想找一位医生治疗眼睛。

小白找到猫头鹰，问道："猫头鹰，你的眼睛白天看不见东西，一定是生病了吧！你知道哪里有治眼睛的医生吗？"

猫头鹰回答说："看东西主要靠视网膜的两种感光细胞，一种叫作视锥细胞，能感受强光，白天看东西主要靠它；另一种叫作视杆细胞，能感受弱光，黄昏和晚上看东西主要靠它。我的眼睛里主要是视杆细胞，所以只能在晚上看见东西，这不是什么病，所以我不知道哪里有治眼睛的医生。"

小白看见墙上有只壁虎，它的眼睛很特别，能够各自独立转动，于是问道："壁虎，你知道哪里有治眼睛的医生吗？"

壁虎回答说："我的眼睛会自动测量距离，我可以用眼球晶体肌来调整焦距，使昆虫的物像变得非常清晰，也可以通过眼球晶体的收缩来自动控制舌头的射程，所以我的舌头一伸出去就能十拿九稳捕到昆虫。我的眼睛很好，我不知道哪里有治眼睛的医生。"

小白来到池塘边，看见一只青蛙，它那双向外凸起的大

眼睛十分奇特。青蛙对身边停着的一只苍蝇视而不见，可是当苍蝇飞起来时，它却迅速腾身跃起，鞭子似的舌头翻出口外，苍蝇顿时成了它的口中之物。

小白问道："青蛙，你的眼睛生病了吧！你知道哪里有治眼睛的医生吗？"

青蛙不高兴地说："我的眼睛能迅速发现运动目标，确定某一时刻目标的位置、运动方向和速度，并选择最理想的攻击时刻，所以我的眼睛没有病，也不知道哪里有治眼睛的医生。"

"那刚才苍蝇停在你身边怎么看不见？"小白又问道。

"那是因为我的眼睛有四层神经细胞，也就是四层检测

器，它们对外界环境的反应各不相同。第一层叫反差检测器，它能感觉到物体的暗色前缘和后缘，如能把一棵树的前后边缘和天空、池塘等区分开来，产生明显的反差。第二层叫运动凸边检测器，它对有轮廓的暗色目标的凸边产生反应，不过，这个目标必须向着视野中心运动，否则它就一概不予理睬。第三层叫边缘检测器，它对静止和运动目标的边缘感觉最灵敏。第四层叫变暗检测器，只要光的强度减弱了，它就立刻起反应，因此刚才苍蝇不动时，我看不清它，可它一飞起来，我的面前会出现微弱的阴影，就看清楚它了。当然，当四层特征叠加到一起，我就看到了完整的图像。"

最后，小白看见了笼子里的小白鼠，发现小白鼠的眼睛也是红的。

"小白鼠，你的红眼睛同我的一样，一定是害了眼病吧!"小白问道。

小白鼠笑笑说："小白，你搞错了，我听饲养我来做试验的科学家说过，我们的眼睛颜色主要是由眼睛里虹膜的色素决定的。我们由于突然的变异，失去了色素，所以眼睛是无色的。"

"那为什么看起来是红色的呢？"小白还弄不明白。

小白鼠耐心地解释："我们的眼睛出现红色，是由于直接看到了眼睛里分布着的许多小血管，所以就呈现红色。"

小白知道自己没有害红眼病，终于放心了。

尾巴的功能

青蛙为自己没有尾巴感到十分骄傲，因为它觉得人是没有尾巴的，所以没有尾巴的动物才是高级动物，它因此非常瞧不起别的有尾巴的动物。

青蛙蹲在池塘里的一张荷叶上，看见鲤鱼游过来，便嘲笑说："看你这种怪模样，后面拖条长尾巴，难看死啦！"

鲤鱼打量了青蛙一眼，说："我们鱼在水里游泳全靠尾巴，尾巴就像船的桨和舵，鱼要是没有尾巴，在水里就游不动了。我是看着你长大的，当你还是一只蝌蚪时，你也长着一条小尾巴呢。"

"我现在可没有尾巴呢。"青蛙故意岔开话题。

"我看着你一天天长大，长着长着，就先长出两条后腿，再过些天，又长出两条前腿，尾巴也慢慢变短了，最后尾巴才没有了。"鲤鱼滔滔不绝地说。

青蛙被鲤鱼揭了老底，觉得很不好意思，把后腿用力一蹬，跳上岸去了。在草丛中，它看见一条断了尾巴的蜥蜴。

"你是我见过唯一没有尾巴的蜥蜴，你看，我也没有尾巴，没有尾巴真好。"青蛙好像遇到了知己。

"不，我的尾巴很有用处，它可以保护我的性命。"蜥蜥反对说，"刚才有只野猫张牙舞爪向我扑来，情况万分危急，为了保住性命，我就弄断尾巴逃跑，它只抓住了我的尾巴。"

青蛙吃惊地问："原来你是有尾巴的，你把尾巴丢了怎么办呢？还能活下去吗？"

"我不但能活下去，还能长出一条新的尾巴来。"蜥蜴说完便钻进自己的窝里去了。

青蛙沿着池塘边跳呀跳呀，来到一棵松树下，这时有一只松鼠张开蓬松的大尾巴，从松树上轻巧地跳下来，还把大

155

尾巴往上一翘，整个身子都藏在尾巴里了。它对青蛙说："你看，我的尾巴用处多大，它不但能帮助我跳跃，使我跳上跳下能保持身体平衡，还能当被子盖。澳大利亚还有一种大袋鼠，依赖尾巴的支持，可以坐下来瞭望远处，及时发现附近的敌情。"

青蛙告别了松鼠，继续往草丛深处跳去，突然听到附近有"哗啦哗啦"的流水声，就跳过去想找水解渴。可是，哪里有什么小溪呀，它看见的是一个昂起的三角形蛇头和一伸一缩的紫红色芯子，一双阴森森的眼睛正盯着自己。

"啊呀，响尾蛇！"它大叫一声，慌忙跳开去。这时天空俯冲下一只苍鹰，用它铁钩一样的嘴把响尾蛇的脑袋啄碎。

"苍鹰大哥，响尾蛇为什么会发出流水的声音呀？"青蛙解除了危险后好奇地向苍鹰打听。

苍鹰把响尾蛇的尾巴拿给青蛙看，说："响尾蛇的尾巴有一层坚硬的皮肤形成的角质膜，这种角质膜围成一个空腔，空腔内又由角质膜隔成两个环状空泡。当响尾蛇剧烈摇动自己的尾巴时，在空泡中形成一股气流，随着气流一进一出地振动，空泡就发出阵阵声音来。所以响尾蛇的尾巴是用来诱骗别的小动物上当的。"

青蛙对尾巴的功能总算有了进一步的认识，明白了动物尾巴各有各的用途，自己没有尾巴并不是一件值得骄傲的事情。

生理知识篇

扫码听有声故事
家长扫码进交流群
分享孩子写作交流育儿经验

[有声故事·阅读打卡·交流群]

扁桃体和阑尾

扁桃体和阑尾在医院用来装医疗垃圾的容器内相遇了。

"我是人体的阑尾，因为发炎，被医生切除。你是什么？"阑尾自我介绍后又问道。

扁桃体回答说："我是人体的扁桃体，也是因为发炎，才被医生从整个扁桃体上割下来的一部分。"

"真是有缘来相会，我们都是人体多余的器官，遭遇相同，下场一样。"阑尾因为找到伙伴而兴奋起来，"你我可算是一对难兄难弟了。"

扁桃体笑笑说："不，我们恐怕不是一样的。"

"怎么不一样呢？"阑尾不相信。

"扁桃体是人体的必要器官，人们吃的食物有细菌时，扁桃体负责同细菌作斗争，并给人体一种打败细菌的抵抗力。当细菌的力量太强大时，扁桃体会肿痛，医生就会将感染的那部分割掉。我就是同细菌作战时为保卫人体健康而牺牲的那部分。"扁桃体耐心地解释。

"说老实话，我是人体内生而无用的东西，长在盲肠下五六厘米处，是因为有异物掉进我身体里出不来，细菌在里面作怪，产生剧烈疼痛发病而被医生切除的。"阑尾感到很无奈。

血液和心脏

一滴血液流经心脏时问道："心脏，人们都说他们还在妈妈的肚子里时，你就开始跳动了，而且直到人死亡为止，从不停止跳动。甚至有人说，太阳是世界的心脏，你是人体的太阳。这是真的吗？"

心脏回答说："是真的，我接受人的大脑里的'自主神经'的指挥，做我应做的工作。"

在心脏的一收一缩之间，血液很快从心脏里跑了出来，传送着人体吃进的食物经消化后变成的葡萄糖、脂肪酸、氨基酸等养料和吸进的氧气，沿着身体内纵横交错大大小小的血管，送去给细胞。同时，又把细胞新陈代谢形成的废物和二氧化碳运送到身体的各种器官，排出体外。

"血液，这么匆匆忙忙的，到哪去呀？"血管问它。

"我完成了要做的工作，转回心脏去呀！"血液高兴地说。

"你可知道心脏为了使你循环做了多少工作吗？"

"不太清楚。"血液老实说。

"据我所知，如果一个人活到100岁，那么他的心脏跳动次数加起来总共达40亿次左右。心脏每天把你们泵出达到6——

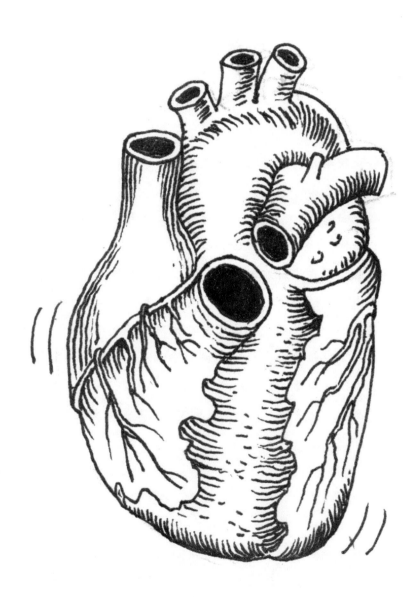

8吨之多，三年半时间就可以浮起一艘万吨轮船。心脏的工作量大得很呐！"血管满怀崇敬地说。

"谢谢你，经你这么一讲，我对心脏更了解了。"血液说完，又沿着血管向心脏流去。

"心脏，如果你生病需要休息，我怎么办？"血液担心地问心脏。

"哈，你倒想得很周到。我们在人体内也是可以移植的，"心脏宽慰血液说，"人类第一例心脏移植手术是在1962年。正式把人造心脏移入人体是1982年12月，接受移植的人活了111天17小时53分。现在科学家还研制出各种各样的人造心脏，如有一种新型人造心脏，由金属材料钛做成，体积小于大拇指。这种心脏实际上是微型泵，它并不能代替整个心脏，而是安装在心脏内部，运行时每分钟将10升血液从心脏泵进动脉中。要是我生病、需要休息时，人造心脏可以代替我工作，一般6个月后我就可以恢复正常。"

"可是人们终生都看不见你，你不感到遗憾吗？"血液同情地问道。

"只要能奉献自己的力量就行，何必一定要抛头露面，让别人吹捧呢！"心脏仍在不停地跳动。

眼泪和汗

汗很瞧不起眼泪,因为它觉得流眼泪是人们与生俱来的简单行为,用不着学习,婴儿从母亲的肚子里呱呱坠地就会哭泣流泪。所以它认为,对于人体来说,眼泪本身是没有意义的"副产品"。

有一次汗对眼泪说:"我是人们在劳动时流出来的,所以最高贵,人们都说'汗水浇开成功的花朵';你是人们在感到无能为力时流出来的,所以最低贱,人们都说'英雄有泪不轻弹'。"

眼泪闪动着,对亮晶晶的汗说:"你错了,我与你绝无高贵低贱之分。"

"为什么呢?"

"要说高贵,在众多的灵长类动物当中,只有人类是唯一会哭泣流泪的。常言道:'喜怒哀乐,人之常情。'就算是一个性格刚强的人,有时也免不了会痛哭流涕,或者黯然泪下。人们不仅悲哀时会流泪,高兴、激动时也会流泪。"眼泪回答说。

"你能说得清楚人类为什么会流泪吗?"

"人类哭泣时,眼睛周围的微血管会充血,同时小肌肉为保护眼睛而收缩，于是引起泪腺分泌眼泪。"眼泪侃侃而谈，"在我们的身体里含有0.9%的盐分，这一特殊的生理现象是海兽的特征，是古老的海兽阶段留在人体上的痕迹。而在缺少盐分的陆地上进化发展的动物，是不可能产生这种'浪费'盐分的生理特征的。这种特征在海豹、海狮等海洋兽类、海鸟身上也同样存在，所以说人类的流泪可能起源于海兽泪腺的泌盐机制。"

"那流泪对人体有什么好处呢？"汗又问道。

"在我们身体中含有溶菌酶，这是人体中的一种自卫物质，它能保护鼻咽黏膜不被细菌感染，更重要的是冲洗掉眼球表面的脏东西，保持眼球的清洁。平常人们眨眼睛的时候，我就均匀地抹在眼球上，湿润着眼球。所以说，我们对人类是很有用处的。"眼泪说完后反问道："现在你告诉我，你是怎样流出来的，又有什么用处呢？"

汗老实回答说："人体有满布全身的汗腺。当人体受热时，就会分泌出我们来，我们挥发时会带走紧贴皮肤的空气中的大量热量和人体内的热量，使周围温度下降，所以说出汗是人体向外散热、保持体温正常的一种方法。"

汗考虑了一会儿，又补充说："体温过高或过低，人都会觉得不舒服。夏天的时候，天气很热，人体内的热量太多，就会通过皮肤上的汗腺出汗来把身体内的热量散发出去，所以夏天多汗。到了冬天，天气很冷，人体需要热量保温，就很少出汗了。"

"现在你知道我们并无高贵低贱之分了吧？"眼泪说。

眉毛的功能

头发瞧不起在它之下的眉毛，说："我们既然都长在人的身体上，理应长得长长的才有用处。你看我，遇到日晒雨淋的时候，可以把人的整个脑袋遮挡起来。像你这么短短的，能有什么用处？"

眉毛回答说："长和短都应当看需要。我虽然长得不长，但我对人体还是有一定用处的，譬如说我能挡住人们额头上流下的雨水和汗水，不让它们流进眼睛里。如果我长得太长，会把人的眼睛完全遮住的。"

"同样长在人体上，为什么你长得短，我长得长呢？"头发问。

"是这样的，"眉毛回答说，"我们都是从人体的皮下毛囊中长出来的。毛囊底部的细胞分裂、繁殖，毛发就不断更换、不断生长，掉了后，再从皮下毛囊中长出新的来。我的生长期才5个月左右，你的生长期为2—6年，我的生长期比你的短得多，当然我的身体长度就比你短得多了。"

眼睛对眉毛也有意见。"眉毛，你凭什么要在我之上？"眼睛很不服气，"人们能看得见东西完全靠我，因为在我身子的中间有一个圆圆的小孔叫瞳孔，人看东西的时

候，物体上的光和颜色，就是通过这个小孔照到眼珠里面的。那里面还有一个像放大镜一样的东西叫晶状体，它能把光线聚到一起，照在眼珠最里面的一层视网膜上，膜上有许多专门管看东西的细胞，这些细胞就会把看到的东西传给大脑，于是人就能看见东西了。"

"是的，你对人类的贡献的确很大，可是你知道我的用处吗？"眉毛平静地问。

"你不就是一撮短毛聚集在一起嘛，有什么了不起的！"眼睛轻蔑地说。

"不，我对你是有用的。首先因为有了我，才增加你的美观。其次我同眼睫毛一起构成保护你的第一道防线，我们能挡住空中落下的灰尘和小虫，不让这些东西弄伤你……"

头发抢着说："还有还有，眉毛还能挡住人们额头上冒出来的汗和天上落下的雨水，不让它们流进你里面去。"

眼睛这才心服口服。

口腔内的争吵

口腔内的牙齿，无意中咬到了舌头。

"牙齿，你怎么咬起我来了，没用的东西！"舌头被牙齿咬了一下，感到很痛，气愤地骂了一声。

牙齿不甘示弱："人吃进嘴里的食物要靠我嚼碎才能吞下肚。我还能帮人发出清晰悦耳的声音，撑起嘴唇让人变得更美丽。你怎么能说我没用呢？我才看不出你到底有什么用处呢！"

"我能让人分辨出酸、甜、咸、苦、辣等各种味道。食物进了嘴里，靠我翻来覆去地搅拌，吞咽也要靠我帮忙。"舌头娓娓道来，"我的表面还布满了触觉神经，对冷暖和疼痛很敏感，食物的软硬度怎样，有无异物杂质都靠我去发现。更重要的是如果没有我，人根本无法说话和唱歌。这就是我的用处。"

牙齿听了舌头说的话，心中很佩服舌头，于是向舌头道歉说："我无意中弄痛了你，还贬低你，请你多多原谅。"

"我们是好邻居，你对人的用处也很大。我能分辨味道，也全靠你先把食物嚼碎。今后小心点就行了。"舌头笑了。

人的五根手指

　　有个人的一只手上天生多一根手指，成了"六指人"，他总感到使用手的时候很不灵活，于是请医生做手术切除了。这根枝指对自己被切除很不满意。

　　"主人，都说'众人拾柴火焰高'，多我这根手指，不是可以同别的5根手指一起为你多做些事吗，你为何抛弃我？"枝指怨恨地问道。

　　"人类最早的祖先是生活在大海里的，手和脚是鳍，用来划水、游泳，后来到陆地上生活，就进化成了手和脚。每只手要有5根手指才方便，所以鳍就变成5根手指，这是生物进化的结果。"主人回答说，"一只手有8块腕骨、5根掌骨、14节指骨、59条肌肉、3大神经干，还有特别发达的血管系统，这些零部件的合理组合，使我们的双手能灵活自如，创造美好的生活。"

　　枝指吞吞吐吐地说："可是我……"

　　"你只是一种畸形现象，没有什么功能，而且多了你还很不方便，所以当然要将你切除掉了。"

人的肤色为什么不同

一个白种人遇到一个黑种人。这个白种人很瞧不起黑种人。

"黑人，你的皮肤黑，所以你愚蠢；我是高贵的白种人，所以我聪明。"白种人夸耀自己，贬低黑种人。

"皮肤黑或白是一种自然的生理现象，与人的智商无关。"黑种人回答说。

"那为什么你的皮肤是黑的，我的皮肤是白的？"白种人提出了疑问。

黑种人笑笑说："人的皮肤里有一种产生黑色素的细胞，叫作黑色细胞。黑色细胞多，产生的黑色素就多，皮肤的颜色就黑；黑色细胞少，产生的黑色素就少，皮肤的颜色就浅。黑种人皮肤里黑色细胞最多，皮肤就黑；黄种人少些，皮肤就黄；白种人最少，皮肤就白。"

"真是这样吗，你没有骗我？"白种人怀疑地说。

"从这件事来看，你由于没有认真学习有关知识，被错误言论所蒙蔽，正说明你并不聪明。你说对吗？"黑种人说。

白种人哑口无言，悻悻地离开了。

脚和手

脚问："几千万年前你我完全是一样的，对吗？"

手答："对呀。那时候的'人'和现代的人不一样，叫作类人猿，是用四条腿在地上走路，像猴子一样。"

脚又问："我们从什么时候才开始有分别的呢？"

手再答："从'直立猿人'开始，意思就是从垂直站立的古代人类开始。因为这时人的祖先学会了用两条后腿走路的方法，而把两条前腿分出来使用工具，两条前腿就逐渐变成了胳膊，不再用来走路了。"

脚继续发问："为什么现在人们用我来走路时，你还要跟着摆动呢？"

手耐心地回答："这是因为我仍然忘不了走路的老习惯呀，这个老习惯从远古一直流传到今天。而且走路时迈左脚摆右手，迈右脚摆左手，这样才能减轻身体的摇晃，保持身体平衡。"

脚感叹说："我现在终于懂得人们为什么说手是劳动的产物啦！"

"你讲得对，人类的手创造了今天人类伟大的文明，无论是天上飞的飞机，地上跑的汽车、火车、电动车，还是水中航行的舰艇，都是人类用手创造出来的。人类还用手建起高楼大厦，制造宇宙飞船用火箭发射到太空去，建造起神奇的万里长城、金字塔，绘制出精美的艺术品，写出不朽的名著……"手平静地说。

"你真了不起，比我伟大。"脚佩服地说。

手谦虚地说："你也是同样重要的，如果没有你站立起来承担起人体的整个重量，人类的手也不可能发展到今天这么灵巧。"

阳光的礼物

"太阳公公，我最喜欢看见你了！"小明朝着正在升起的太阳大声说。

"小朋友，这是为什么呀？"太阳笑眯眯地问道。

"因为你给我光明啊！"小明高兴地回答。

"你每次见到我，我都有礼物送给你，你都收到了吗？"太阳又问道。

小明迷惑地回答："太阳公公，我没有收到你的礼物呀！"

"我最喜欢把礼物送给愿意同我亲近的人了。"太阳笑嘻嘻地说。

"我真的没有收到呀！"小明有点不相信。

"这是因为你还没有发现，"太阳说，"我是用我的光芒送去的。因为在人类的皮肤里面有一种胆固醇，这种物质在我光芒中的紫外线的照射下能转化成维生素D。你知道维生素D对人体的用处吗？"

小明还记得老师说过维生素D的作用，所以流利地回答："它能帮助人体长骨骼。"

"对，有了维生素D，小朋友的骨骼就会长得粗壮，长得快，就不会得佝偻病。这就是我送给你的礼物。"太阳高兴地说。

小明这才恍然大悟："太阳公公，你送的礼物太宝贵了。"

生命是从哪里来的

寂寞的月亮看到地球上布满了生命，有形态各异的植物，还有活蹦乱跳的动物，便问地球："你身上的生命是从哪儿来的？"

"我身上的生命在是一定条件下，经过长期的发展，由没有生命的物质转化而产生的。"地球回答说。

月亮觉得地球的回答过于简单了："地球，你能不能讲得具体一些、详细一些？"

地球开动脑筋想了一会儿，说："我身上的生命产生于太阳的光。在很久以前，我身体表面从很高的温度渐渐冷却时，大海中形成了一些很复杂的化合物，这种像肥皂泡一样的化合物受到太阳光或放射光的刺激后，逐渐形成生命。"

"这种化合物到底是什么呀？"月亮追问道。

"就是氨基酸，是氢、氨、甲烷等混合气体通过阳光中的紫外线照射后合成的。"地球耐心地解释，"光把简单的氨基酸合成复杂的氨基酸和糖类，在某些有条件的地方，这些有机分子就会形成生命的物质基础——蛋白质和核酸。"

月亮似懂非懂，又问道："这是从哪里得到证实的？"

"说来很偶然，1953年，一个叫米勒的科学家把氢、氨、甲烷放在一起，用紫外线照射一星期后，发现化合物中含有两种最简单的氨基酸。"地球补充说明。

"那我也得到阳光的照射，为何不产生生命呢？"月亮提出疑问。

地球回答说："那是因为你不具备别的条件，譬如你的表面没有大气层，没有生命需要的氧气，你只能公转不能自转，温度也达不到要求，等等。"

月亮这才明白了。

人老头发为何变白

爷爷和奶奶的头发越来越白了，为什么会这样呢？孙子小强感到很奇怪。

冬天来了，下雪了，小强问雪花："爷爷奶奶的头发是怎样变白的，你知道吗？"

"是我落下来，将他们的头顶盖白的。"雪花笑嘻嘻地说。

小强听了雪花的话，想了一会儿，说："你说得不对！在没有雪的日子，爷爷奶奶的头发也是白的。"

雪花笑了："是的，我是跟你开玩笑的。我也不知道呢！"

小强上学了，他看见黑板下面有许多擦下来的白粉末，于是问粉笔："我爷爷过去是一位老师，经常在黑板前用你来板书，是不是你的白粉末把我爷爷的头发染白的？"

粉笔也不清楚，就说："可能是吧。"

小强想了一会儿，说："你说得不对！我奶奶没当过老师，从不用你来板书，为什么她的头发也变白了？"

粉笔也回答不出来。这时头发对小强说："在我的身体内有一种色素，叫作黑色素。它能决定人的头发、皮肤、眼睛的颜色，一个人头发的颜色越黑，说明他头发中的黑色素越多。随着人的年纪增大，头发中的黑色素会慢慢变少，长出来的头发就会慢慢变成白色了。头发白是身体衰老的一种表现。"

人体的身份证

指头问指纹："人们都说你是人体的身份证，你知道吗？"

"我只是人体指头上的一点花纹，哪有那么重要的作用，不可能吧。"指纹有点惊讶。

指头说："你就不要那么谦虚了，我这么说是有根据的。当发生重大案件时，警察总是迅速赶到现场勘察，有的警察拍照，有的警察警戒，还有的警察拿着放大镜到处看，你知道是在看什么吗？"

"不知道。"指纹老实说。

"告诉你吧，他们是在寻找罪犯作案时留下的指纹。"指头补充说。

"人人的指头上都有指纹，寻找指纹有什么用呀？"

"用处大着呢！因为每个人的指纹都是绝对不同的，而且是固定的，"指头解释说，"所以在现场只要找到指纹，破案就比较容易了。通过鉴定指纹，再狡猾的罪犯也难逃掉。"

"听你这么说，我想起来了，主人在签合同时，如果没有印章，他就用大拇指按个红红的指印。你不是说每个人的指纹都是绝对不同的、固定的嘛，那就是说，留下了这个拇指印，想抵赖都赖不掉了！"

生男生女谁决定

一位科学家通过显微镜看到了人体最小的细胞。

细胞很开心地向科学家打招呼："你好，科学家！我可以请教你几个问题吗？"

"当然可以！"科学家笑了。

细胞说："我们细胞很小很小，人相对于我们来说可是很大很大的。可是，听说人也是由细胞生成的呢，对吗？我好想知道自己是怎么变成一个大人的。"

"很简单，男人的精子细胞和女人的卵子细胞相结合，产生婴儿胚胎，慢慢发育，就长成人了。"科学家回答道。

"那我以后会长成一个男人还是一个女人呢？"细胞又问道。

科学家回答说："在细胞中都有一个细胞核，细胞核里有遗传基因，叫作染色体。染色体分为两类，一类叫性染色体，决定人的性别，共两个；另一类叫常染色体，共四十四个。"

"是这两个性染色体决定生男生女的？"细胞插嘴道。

"这要看男性和女性的两个性染色体怎样结合。"科学家进一步说明，"我们给这两个性染色体分别取名为X和Y。

男性的性染色体为一个X和一个Y，女性的为两个X。如果是男性的Y染色体的精子和女性的X染色体的卵子结合，就会生长成男孩；反之，如果是男性的X染色体的精子和女性的X染色体的卵子结合，就会生长成女孩。"

"原来这就是人类生男生女的秘密，看来生男生女并不神秘。"细胞感叹说。

人眼和鹰眼

鹰眼向人眼夸耀说："我比你看得远。"

人眼问道："如何见得呢？"

"我所看到的距离要比你能看到的远20倍。在200米外我发现了一颗小小的种子，你能看到吗？"

"我的确看不到。"人眼回答说，"但是我能通过天文望远镜看到50亿光年远的恒星，能通过显微镜看到任何眼睛都看不到的细菌，所以我觉得眼睛的本领大小并不重要，重要的在于能使用提高视力的工具。"

"嗯！有道理！"鹰眼表示同意。

"是呀，我通过'电眼'还能把微观世界里的物体放大几十万倍到上百万倍，展现在我面前的还是正在运动的'活'东西呢！"人眼又说。

"'电眼'又是什么东西呢？"鹰眼很好奇。

人眼解释说："'电眼'就是电子显微镜，它是现代科学技术中不可缺少的工具。人类靠它来逐步认识微观世界的客观规律。"

"它同普通显微镜有什么不同？"鹰眼又问道。

"普通显微镜是通过光波来显微的，它的极限放大率是

1000倍到1500倍，超过极限后由于光的折射，就看不清了。而电子显微镜是利用电子束来显微，它的波长短得多，且随着电压的增加，跑得更快。用电子束来代替光波制作显微镜，连原子也能看清。"

"人类真是了不起！"鹰眼惊叹道。

两只克隆猴

中中和华华是两只克隆出来的猴子，它们出生在中国科学院的实验室里。它们的基因来自一个流产的雌性猕猴的体细胞（非生殖细胞），科研人员通过技术手段将细胞核植入别的摘除细胞核的卵细胞中，最终两个"幸运儿"发育成型并顺利诞生。

中中和华华慢慢成长起来，每天都有专门的科研人员喂它们吃奶。一天中中突然对科研人员问道："别的动物都有妈妈，我们的妈妈在哪儿呀？"

"你们是通过无性的细胞繁殖出来的，是没有妈妈的。"

"那为什么要把我们克隆出来呀？"华华接着问道。

科研人员耐心地回答："你们能够克隆出来，说明我们中国目前的克隆技术已经很先进，更重要的是由于你们的基因与人类的基因非常相近，克隆猴对研究开发人类疾病的新疗法将会产生巨大的推动和促进作用。总之，克隆你们的目的是为人类的健康服务。"

中中和华华虽然没有妈妈，但它们知道自己能起到巨大作用后都充满了自豪感，于是都安心等待能让它们发挥作用的那一天的到来。

天文地理篇

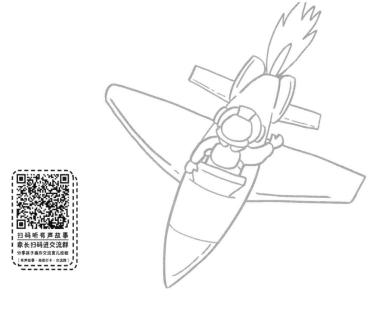

五色土争论

北京中山公园社稷坛上的黑、红、黄、白、青五种颜色的泥土在争论：哪一种颜色最高贵？谁是土地的代表？争论得激烈的时候，社稷坛说话了："你们不必争吵，你们都代表中国广大的地域，各个地方的土壤颜色是不同的。"

"我为什么是黑色？"黑土首先发问。

"东北地区的土壤里含有很多腐殖质，这是植物腐烂后形成的，所以颜色发黑。"

"那我为什么是红色的？"红土接着问道。

"南方的土壤里含有红色的氧化铁，所以土壤会发红。"

"那我为什么是黄色的呢？"黄土很好奇。

"江南一带多水潮湿，土壤里的氧化铁变成了黄色的水化氧化铁，土壤就显出黄色。"

"我呢，为什么是白色的？"白土追着问。

"那是因为在沿海地区和盐湖附近，土壤里含盐分很多，土壤的颜色自然就发白了。"

青土没发话，社稷坛看了它一眼，说："在一些常年积水的地方，土壤里缺少氧气，所以才会变成青色的。"

五色土听完社稷坛的回答，终于停止了争论，安静下来。

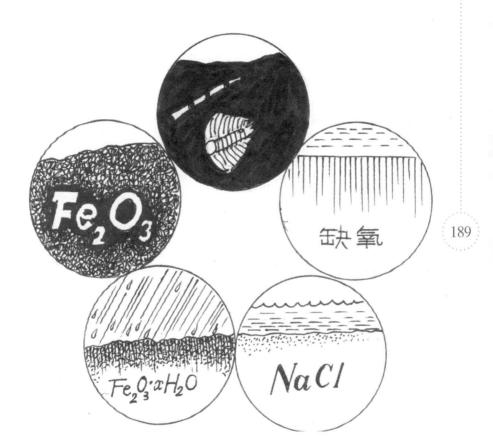

太阳公公的七个儿女

白天，太阳公公把它的七个儿女都投放到大地上，于是大地上就出现了一个五彩缤纷的世界。

"孩子们，你们看到我七种颜色的七个儿女了吗？"太阳公公在天空中大声问道。

一群正在公园草地上做游戏的小朋友，听到了太阳公公的声音。兰兰第一个回答说："我只看到一片白光，是你的白色儿子吧。"

"还有谁看到我的其他颜色的儿女吗？"太阳公公笑眯眯地问。

"怎么我也只看到一个白色的呢？"强强揉揉眼睛说。

"好吧，我来让你们看到。"太阳公公说完，请来了雨伯伯。

雨伯伯马上调来集雨云，哗哗地下了一阵大雨，雨后空中布满小水点，当太阳公公把光射向小水点时，天空中出现了一条七色长虹。

小朋友们兴高采烈地欢呼："看见了！看见了！太阳公公的七个儿女是红、橙、黄、绿、青、蓝、紫七种颜色的。"

"太阳公公，你的七个儿女为什么要透过雨伯伯的小水点才看得见呢？"东东问道。

太阳公公点点头，高兴地说："你是个爱动脑筋的孩子。我来告诉你们。因为我的七个儿女的波长各自不同，就像你们高矮不同一样，但是它们都在一起看起来就是白色，经过小水点的折射和反射，它们从小水点出来时，就被分开成单个颜色的了。"

月亮和人造卫星交朋友

在无边无际的天空中，月亮绕着地球慢慢地旋转着，年复一年，永远如此。它感到十分寂寞。忽然它发现有许多亮闪闪的小东西也在围绕着地球旋转，它们比月亮转得快多了，只一眨眼便从月亮下面掠过，转到地球的另一面去了，过了一会儿又出现在月亮的下面。

这是什么东西呀？亿万年以来月亮从来没有见过，于是它便高声问道："你们是谁呀？干吗也围绕着地球转呀？"

小东西们听到喊声都抬起头来望着月亮。

"我们跟你一样，都是地球的卫星，所以也围绕着地球转。"小东西们七嘴八舌地回答，"不同的是，你比我们大得多。我们是人工制造出来的卫星。"

"人工能制造出卫星吗？"月亮真不敢相信。

"当然能，我们都是用金属做成的，肚子里装满了精密的科学仪器，身体有好几吨重。"人造卫星们作了自我介绍。

"那你们是怎么飞到这么高的地方来的？"

"全靠科学家用火箭以每秒8千米以上的速度把我们送离地球，送到这里来的。当我们达到一定高度时，就能绕着地球转圈，为地球做贡献。"人造卫星解释说。

月亮似懂非懂地点了点头，又问道："你们都能为地球做什么呢？"

"我们各有各的本领呢！"

　　这时一颗人造卫星转到月亮面前说："我是用来侦察地球上各地的军事布置的，可以发现导弹的发射基地。"军事侦察卫星说完很快就飞到前面去了。

　　月亮瞧着它远去的背影，称赞道："真了不起！真了不起！"

　　"我帮助人们转播电视或传递电报、电话。"通信卫星飞到月亮面前说。

　　接着导航卫星也飞到月亮面前说："我可以为汽车、飞机、轮船、潜艇发出导航信号，给它们指出正确的目标。"

　　月亮点点头说："你们的用处真大呀！"

　　通信卫星和导航卫星飞走后，资源卫星飞到月亮面前说："我可以探查地球上的矿物。""我可以预报天气。"资源卫星旁边的气象卫星也抢着说……

　　月亮分不清谁是谁了，只是不停地说："真能干！真能干！"

　　一会儿，军事侦察卫星转完了地球一圈，又来到月亮面前，调皮地说："月亮，你也该把自己的本领说给我们听吧！"

　　月亮害羞地说："我没有你们那么大的本领，我只能借用太阳的光反射给黑夜中的人们照明。看你们都很小，本领却很大，真令我佩服。"

　　"不是我们本领大，是地球上的科学家本领大，我们都是他们制造出来的。"军事侦察卫星谦虚地说。

银河不是河

一条大河日夜不停地奔流着。

一个晴朗的夏夜，月亮还没有出来，满天繁星。大河无意中抬头看见那横过夜空的银河，不禁激动起来，大声地说："银河啊，你是天上的河，我是地上的河。不知是你大还是我大？"

银河中的一颗恒星听到了，"扑哧"一声笑道："大河，不，我应该叫你小小河，你弄错了，银河可不是河。河是水构成的，而构成银河的是数不清的星星。"

恒星对大河说："银河是宇宙中一个旋涡状的大星系，形状像田径运动员用的铁饼，中心厚，边缘薄，银河系的物质恒星主要集中在扁形密集部分。一般认为银河系的中心厚约1.2万光年，银河直径约16万光年，由1000多亿颗恒星组成。你们地球属于太阳系，是银河系的一小部分。"

大河听了恒星的介绍，深深为自己的知识浅薄、夜郎自大而惭愧。

天外来客

有一颗流星，独自在茫茫的太阳系中穿行。不知道经过了多长的时间，它渐渐厌倦了这种流浪的生活，想找一个理想的地方停留下来。然而，它经过大量星球的身边，发现这些星球不是太热就是太冷，不是太亮就是太暗淡，没有一颗能使它感到满意的。

一天，这颗流星经过地球附近，发觉地球比它见到的一切星球都要美丽，蓝莹莹的，不冷不热，正好适合它停留，于是它不顾一切地一头扑向地球的怀抱。当它穿过地球的大气层时，意想不到的事情发生了，在它的身体与大气层的氧气摩擦时，竟然熊熊燃烧起来，发出极其强烈的光芒，拖着一条冒着浓烟的尾巴，伴随着雷鸣般的"轰隆隆"巨响，烈焰把它的身体燃烧得越来越小，最后烧成一块陨石，"咚"的一声，掉到地球身上。

当这块陨石睁开眼睛时，发觉自己置身于一个十分美妙的地方，这儿山清水秀，有人类种的庄稼，还有许多大大小小的动物，一切都是生机勃勃的。在这样的环境里，它觉得惬意极了。

不久，它被地球上的科学家发现了，科学家迅速赶来将它运到天文博物馆内。陨石对围着它研究的科学家们说："我非常喜欢你们这个地球，所以才不顾烈火焚身投入它的怀抱。你们知道我是谁吗？"

"当然知道，你叫陨石。"科学家回答说，"你的身体内有铁、镍、硅、氧、硫、镁、钴、钙、铝等已知元素，还有陨铁。近半个世纪以来，全世界每年接收从太空中陨落的陨石约700次。由于地球表面的70%是海洋，因此陨石有近500次落入海洋，其余的200多次分布于陆地。在我们中国平均每年只能接收到一两次陨石，因此我们非常欢迎你的到来。"

"可是我们陨石对你们也许没有什么用处。"陨石叹了口气说。

197

"当然有用。我们分析你们的成分，计算陨石轨道，可以了解太阳系空间的物质分布情况。你们是我们在地球上能够找到的唯一的其他天体的标本，是科学研究的好材料。我们探讨自然界的几个主要方面，如天体的演化、生命的起源、基本粒子等，都或多或少地可以从你们身上得到宝贵的信息。"

陨石惊奇地问道："我们怎么会与生命的起源有关呢？"

"因为关于生命的起源，从陨石中也能找到证据，主要是从一种含碳较多的陨石中发现了多种氨基酸，氨基酸可以组合成生命的最基本物质——蛋白质。因此，生命起源和演化的化学阶段，也是以你们为重点研究的。"科学家说。

"你们发射到太空的火箭、人造卫星也与对我们的研究有关吗？"陨石又问道。

"是的，例如火箭和人造卫星在穿越地球大气层时，因高速飞行可能同空气分子碰撞、摩擦和受到残蚀，这同你们穿越地球大气层的过程非常相似，当然你们穿越地球大气层时，速度比火箭和人造卫星快得多。研究你们的烧蚀情况和烧蚀过程，对火箭和人造卫星等高速飞行器的保护，显然有着重要参考价值。"科学家耐心地回答。

停了一会儿，科学家又说："从你们身上也说明了物质宇宙的统一性、特殊性和可知性，了解它们的辩证发展关系，这对进行唯物主义宇宙观的宣传，破除迷信、解放思想都是有帮助的。"陨石从科学家口中知道了自身的价值，感到极其高兴。

黄河水为何是黄色的

黄河在高声朗诵李白的诗："黄河之水天上来……"

这时，长江问他："你知道你为什么是黄色的吗？"

"我当然知道。"黄河回答说。

"你能告诉我原因吗？"长江又问道。

"我的上游河水是很清澈的，到流经黄土高原的中游时才变黄的。"

"这又是为什么？"

"因为我流经的黄土高原气候很干燥，地面又没有植物覆盖，光秃秃的，每逢遇到雨季，松软的黄土就会随着雨水流进我的身体里面，使水变得又黄又浑浊。"黄河解释说。

长江又好奇地问："你觉得你还会变清吗？"

"当前我们的国家正在大力开展黄河两岸的绿化工程，大力发展植树造林，防止两岸水土流失，每逢春天广大的人民群众都在种树，保护我这条母亲河。相信在不久的将来，我一定会清澈起来的。"

北极与南极比冷

北极打电话给南极，说："人们都说我们是地球上最冷的地方，你和我之间究竟谁更冷一点呢？"

南极回答说："我们距离太远，不在一块儿怎么能知道？"

"我认为我是最冷的地方，比你冷！"北极自以为是地说，"我的位置在北冰洋中间，四面八方都有厚厚的冰山在漂浮。"

"我与你不同。我处于南极洲，是块大陆，面积约1400万平方千米，约占地球陆地面积的十分之一。我的整个大陆被巨大的冰层覆盖着，平均厚度约2000米。"南极对北极说。

"那也不见得你比我冷啊！"北极不以为然。

"你听我慢慢说，我身上那个光滑的冰盖，能将太阳辐射的热量反射回宇宙空间，这与你的浮动冰山接受太阳的热量不同，你更有利于吸收阳光的热量。"南极娓娓而谈，"从我们不同的地理情况来推测，应该是我比你冷。"

北极还是不服，说："那我们就互相通报一下具体的温度吧。"

南极说："科学家都称我为地球的'冰箱'。我没有春夏秋冬四季之分，只有暖季和寒季。我的内陆月平均温度在-35℃至-20℃之间。而每年4月到10月的寒季，我的内陆温度在-70℃至-40℃。"

北极听了大吃一惊，不好意思地说："我的温度可没有你那么低。在我最冷的1月平均温度介于-40℃至-20℃之间，而最暖的8月平均温度为-8℃。你的确比我冷得多。"

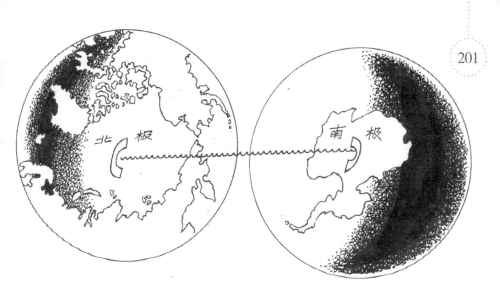

太空在召唤

地球妈妈用她的引力拥抱着她的每一个孩子，孩子们在她的怀抱里快乐地生活、繁衍。可是她的其中一个孩子——宇宙飞船却听到了太空在召唤："宇宙飞船，快来吧，是离开你妈妈的时候了。我无限广阔，快来揭开我的奥秘吧！"

"地球妈妈，请让我离开您到太空中遨游吧。等我再回到您身边时，一定会揭开许多奥秘的。"宇宙飞船请求说。

"孩子，你确定已经能离开我了吗？你确定能安全回到我的怀抱里吗？"地球妈妈挚爱她的每一个孩子，很不放心让宇宙飞船离开。

"地球妈妈，您只管放心吧。我有运载火箭的帮助，它能带着我离开您飞到太空中去。科学家在我的身上装备了精密复杂的导航定位系统，与地球上相应的设备保持联系，会给我修正航向，所以当我需要返回时，一定可以安全地回到您的怀抱的。"宇宙飞船详细解释说。

"好吧，那我就不阻拦你了，你也长大了。"地球妈妈深情地说，"我很爱你，但我更希望你拥有敢于创造、勇敢无畏的精神。"

于是，宇宙飞船飞向了太空，勇敢地去探索未知的奥秘。

骄傲的北极星

人们看到的所有星球都以北极星为中心，围绕着它旋转，于是就用北极星来定方向。北极星因此而骄傲起来。

"啊，我就是宇宙的中心，一切星球都围绕着我旋转。"北极星狂妄地说。

"北极星，你错啦！星球围着你旋转，仅仅因为人们是站在我的身体上来看你。"地球淡淡地说，"我把南北衔接起来，以地轴为中心自转，这样人们就会感到一天24小时中太阳、星星、月亮在我的周围环绕。北极在我的正上方，为自转的中心，所以不会移动，离北极近的星球旋转的幅度小，看起来好像总在北极附近；离北极越远的星球旋转的幅度越大，有时甚至会隐藏在地平线之下，就看不到了。你距离北极很近，就不会沉到地平线之下，因此，人们经常可以看到你在北极的正上方，其实你也在以北极为中心旋转。"听了地球的批评，北极星很不好意思。

"还有一点，你应当懂得，你并非永远是我的北极星。据天文学家的观察和测算，由于北极在恒星间缓慢移动，约1.2万年后织女星将代替你的位置，成为我的北极星。"

"我明白了。我不该骄傲的，应当趁我还在你的北极上空，好好地在夜间为人类指明方向。"北极星满脸通红，羞愧地说。

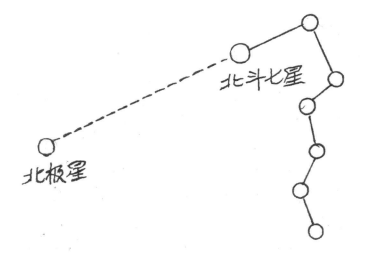

北斗七星

北极星

沙漠中的海市蜃楼

一个旅行者正在横穿大沙漠。艰难地行进中，他感到又热又渴，忽然侧面的天边出现了一片绿洲，在绿树丛中有房舍，有河流，还有在走动的人们。他高兴极了，马上改变原来行进的方向，朝绿洲奔去。他想，到了那儿，首先要到小河边喝够水，然后把全身洗一洗，再找个地方休息一阵子。

这时绿洲讲话了："旅行者，你不要朝我奔来，否则既耽误了你的行程，又白费力气。"

"我不是已经看到你了吗，为什么你反对我投奔你呢？"旅行者不高兴地说。

绿洲说："老实告诉你吧，我不是真实的存在，只不过是由光线和空气产生出来的影像而已。"

旅行者停止奔跑，感到十分惊奇，问道："那你是怎样产生的呢？"

"由于沙漠、大海都受到太阳照射，产生的温度很高，于是热空气比较浓厚，沉在下面；冷空气比较稀薄，浮在上面。当光线通过冷空气，再通过热空气时，光线的路线就会变弯曲……"

旅行者忍不住插嘴："弯曲了又怎样呢？"

　　"因为这个缘故，本来被地平线遮住的很远的景象，就会被弯曲的光线反射到地平线上面的天边来，显得很近，所以，你要到我反射的真实景象的地方，需要走很远很远的路程，它根本不在这个沙漠里面。"绿洲回答说。

　　旅行者只得原路返回，按照原来的方向继续前进。

珠穆朗玛峰

珠穆朗玛峰位于中国和尼泊尔的边界，喜马拉雅山脉中段，海拔8844.43米。人类不断组织登山队去攀登顶峰，直到1953年才成功登顶。1960年5月25日，中国登山队的王富洲、贡布和屈银华从北坡成功登顶。

有一次，珠穆朗玛峰问一位登山队员："你们为什么一定要攀登我的顶峰啊？"

登山队员回答："你是世界最高峰，能登上你的顶峰是最大的光荣。"

"原来我这么高呀，我却不知道自己是怎么长这么高的呢。"珠穆朗玛峰嘟哝着。

"我知道。你是3000万年前的新生代第三纪时期，海盆地区的底部岩层受到地层内部的猛烈挤压，急骤抬升起来的，先是沧海变成陆地，随后又隆起为高山，"登山队员说，"这就是地质史上著名的'喜马拉雅造山运动'。"

"你是怎么知道的？"

"中国登山队员和科学考察工作者在攀登你的顶峰过程中，就亲眼看到过你身上许多隆起的海底砂石、山丘，发现过冰川砾石，在你的岩层中还找到了许多鱼龙、三叶虫、珊

瑚、海藻等海洋古生物化石。"

　　珠穆朗玛峰笑了："原来是这样。"

　　"我还知道你仍然在不断长高呢。"登山队员说。

　　珠穆朗玛峰高兴地说："人类真了不起，太聪明了！"

地球的年龄有多大

一位科学家问地球："你这个人类的摇篮，知不知道自己的年龄有多大？"

"我在宇宙中已经生活了很久很久，由于没有在出生时把日期记下来，现在稀里糊涂的，早就弄不清楚自己有多大了。"地球无奈地回答。

"还是我来告诉你吧，你已经活了五六十亿年了。"科学家说。

"你怎么知道的？"地球怀疑地问。

科学家回答道："我是用测定岩石中放射性元素和它们蜕变生成的同位素含量的方法来测定你的年龄的。"

"什么意思？"地球弄不明白。

科学家耐心地解释说："在你地壳内部的天然放射性元素都能从它们的原子核里放出一些微小的高速度微粒，与此同时，它们自身也逐渐变成另外一种元素，例如铀和钍在放出射线的过程中逐渐变成铅或变成锶，这种现象叫作放射蜕变。"

地球还是弄不明白："可是你怎么能从中知道我的年龄呢？"

"哈哈，放射蜕变的速度是可以在试验室内测定出来的，例如1克铀在1年里只有七十四亿分之一变成铅，要经过45亿年才变掉一半。"科学家接着说，"因此，从你身体内取出岩石和矿物，只要精确地化验出它们身上铀、钍和铅或锶的含量和比例，便可以计算出它们从诞生到今天经历了多长时间。我们就是利用这种方法测出你的地壳内最古老的岩石是约46亿年前形成的。但是，地壳的年龄还不等于你的年龄，因为在地壳形成以前，你就已经生活了一段很长的时间，加上这段时间，我们估计你的年龄在五六十亿年。"

地球点点头，说："谢谢你们为我弄清楚年龄，你们真聪明！"

火山的功和过

大地上耸立着一座火山，一天，这座火山突然发出巨大的响声并喷出巨大的火柱，惊天动地。岩浆和水蒸气从火山口喷出来，岩浆从山坡上往下流淌，水蒸气在高空遇到冷空气凝结变成大雨落下来，雨水冲刷着山坡上的火山灰，形成一股巨大的泥石流，把四周的大片土地盖在下面。这种突发的情况弄得大地很不安宁。

"火山，你在搞什么鬼？你知道因为你的喷发，会给周围的人们带来多么大的危害吗？"大地问火山。

"这可不能全怪我，我的下面是地壳比较脆弱的部分，由于其中的岩浆被地壳紧紧包裹着、挤压着，不能安静下来，它左冲右突要逃出来，于是岩浆中的水蒸气和别的气体迅速膨胀，形成一股巨大的能量，沿着裂隙从我的口中喷射出来。"火山无奈地说。

"听说火山有几种，你属于哪种呢？"大地又问道。

"我属于休眠火山，这次喷发距离上次已有一两百年了。"火山回答道，"除此之外，还有活火山，如夏威夷群岛的基拉韦厄火山，千百年来不停地燃烧，经常有喷发活动。还有一种失去活动能力的火山，叫作死火山，不再喷发了，如中国台湾地区的大屯火山。"

"你的喷发除了造成危害，就不能给人类带来什么好处吗？"

火山不好意思地说："当然也有一些好处，因为我喷发出来的岩浆中含有大量铁矿和硫黄等，这些宝藏平时都是埋在地下深处的，所以人们也叫我'运输大队长'。"

大地听了火山的话，说："希望你能将功补过吧！"

地球的颤动

"我看见你的身体在颤动，是感到冷吗？"月亮一面绕着地球转，一面问地球。

"不是感到冷。我的身体颤动，是因为我内部的物质在不停地运动着，并且产生巨大的力量，使一层层的岩石褶皱变形，当力量超过岩层所能承受的限度时，脆弱不结实的地方就会突然发生断裂或错位，积累起来的巨大能量由此急剧地释放出来，引起周围物质的振动，这样就会发生地震。"地球解释说。

"地震会对居住在你身上的人类产生什么影响呢？"月亮又问道。

地球想了一会儿，回答说："地震可以分为微震、弱震和强震三类，同这些地震释放的能量大小有关。前两种对人类影响不大。强震就不同了，它会造成山崩地裂，房屋倒塌。地震的大小，通常用震级来表示，震级每增加一级，能量增加32倍。人类有史以来最大的一次地震，是1960年6月22日发生在智利的9.5级大地震。中国近年来破坏力最大、伤亡最严重的一次地震是2008年5月12日14时28分发生的四川汶川大地震，共造成69227人死亡，374643人受伤，17923人失踪。"

月亮大吃一惊："这么恐怖！那你知道人类有什么办法来预测地震吗？"

"据我所知，现在人类尚未有准确预报地震的方法，还在探索中，但他们观察到地震前当地常有不少异常自然现象发生，经过他们研究总结，可以为预报地震提供一定依据。"地球回答道。

万物生长也靠月亮

晚上，圆圆的月亮升起来了，玲玲在阳台上赏月。

"月亮，你看起来可真漂亮，可你仅仅是反射太阳的光芒而已。"玲玲对月亮说，"太阳就不同了，它给万物以生命，别人都说万物生长靠太阳呢。"

月亮笑笑回答说："我对人类所起的作用的确没有太阳大，但是我对万物的生长起的作用可不小哦。"

"真的吗？"玲玲好奇了。

"你知道什么是潮汐吗？"月亮问玲玲。

"我当然知道！潮就是在大海边，海水涨起来，淹没了大片海岸线地区；汐就是这些被淹没的地区，在一定的时间后海水又退去。这一涨一退都是按照一定的规律产生的。"玲玲自豪地回答。

"你还有不知道的呢，我来告诉你。"月亮耐心地说，"这是在我的引力影响下形成的，我将海水吸起来，当我离开后海水又退下去。高潮时被淹没的地区，形成了一个适宜多种生物群生活的环境，海中各种软体生物、甲壳类生物和藻类，都是在这种时而湿润时而干燥的环境中生长起来的，而这又为许多鸟类提供了食物。"

"那又会怎样呢？"玲玲还是不明白。

"这就加剧了生物之间的生存竞争，也推动了新生物的适应和进化，如果没有潮汐，地球上存在的有机物就会大大减少。而地球上的生命最早是从海洋中出现的，后来才发展到陆地上。"

玲玲抢着说："我懂了，如果不是你的引力形成潮汐，就没有今天万物的欣欣向荣。"

217

大海的潮汐

海岸每天看见海水两次迅速上涨，到一定时候又悄悄退去，留下一片沙滩，年复一年，总是这样。

有一次它忍不住了，便问大海："你的海水总是这样又涨又落，永不停息吗？"

大海回答说："是的。我的海水每天都有两次涨落，白天涨落叫作潮，晚上涨落叫作汐。"

"那是什么原因造成的呢？"

大海思考了一会儿，说："我想这与月亮、太阳和地球之间的运动有很大关系。"

"到底有什么关系，可以讲详细点吗？"海岸又问道。

"说来话长，17世纪有位大科学家叫牛顿，他发现了万有引力。"大海娓娓而谈，"自然界中任何两个物体都是互相吸引的，引力的大小同各个物体的质量成正比，就是说物体越重越大吸引力越大；而同它们的距离的平方成反比，就是说距离越近吸引力越大。潮汐就是月亮的吸引力和海水的离心力造成的。"

"那为什么每天总有两次涨和落呢？"海岸还是弄不清楚。

"因为海水正对月亮产生的引力和背对月亮产生的离心力，每天各有一次。"大海耐心地说，"地球在不停地自转，月亮也围着地球转。地球对着月亮自转一周为24小时50分钟，称为一个太阴日。在一个太阴日中，地球总有一次向着月亮和一次背着月亮，向着月亮时因受月亮吸引而涨潮和落潮，背着月亮时因为离心力影响而涨潮和落潮。所以一般来说，除地球两极的海水外，每天总有两次潮汐。"

"人类能利用潮汐来做些什么吗？"海岸又问道。

"人类的船只利用海水涨落而进出海港。人类还利用潮水的动力来发电，建设潮汐发电站。"大海补充说。

219

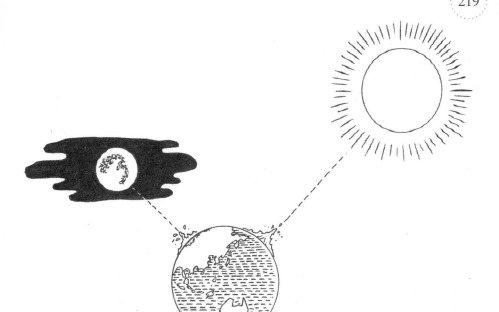

拉住一切的手

小猴和小熊结伴到郊外去游玩，它们走着走着，忽然看见一只在天空飞着的风筝断了线，直往地上掉。小熊问小猴："这是怎么回事呀，风筝为什么不一直往天上飞，反而掉下来呢？"

小猴用手挠挠腮，支支吾吾半天讲不出个道理来。

它们又往前走，来到一棵结满桃子的桃树下，小猴正要爬上树摘桃子，忽然噼里啪啦掉下几个成熟的桃子来。

"桃子没有谁摘，怎么会自己掉下来呢？"小猴问小熊，小熊拍拍脑袋也回答不出来。

小猴眨眨眼睛对小熊说："听说地球是个很大很大的不规则的椭圆球体，而且以每秒钟30千米的速度绕着太阳旋转，那我们和周围的东西在地球上，为什么不会掉出地球外呢？"

小熊突然记起熊爷爷讲过的故事，说："人类有一位叫牛顿的科学家，在观察树上的苹果掉下地时，发现有一种什么引力来着。"

"叫什么引力？"小猴追问道。

小熊又拍拍脑袋说："记不清楚啦！"

"是我让风筝掉下来的，是我让桃子落下来的。"这时地球爷爷说话了，"我有一只能拉住一切的手，这手就叫作地心吸力。"

"地球爷爷，你是靠什么来拉住我们的呢？"小猴问道。

"世间一切物体都在互相吸引，我靠太阳拉住，像幼儿园的小朋友做游戏那样，你拉着我，我拉着他，他拉着你，彼此在一起，这种物体之间互相吸引的力就叫作万有引力。"地球爷爷说。

"地球爷爷，万有引力是你发现的吗？"小熊问。

"不，是刚才你讲过的那位科学家牛顿发现的。"地球爷爷说，"他还发现比较大、比较重的物体能吸引比较小、比较轻的物体。太阳比我大比我重，所以我绕着太阳旋转。"

"是不是距离越近，吸引力就越强大？"小猴很感兴趣，又问道。

"小猴你真聪明，我不但吸引我身上的一切，还吸引离我近的月球，让它绕着我转。月球的引力仅有我的1/6，不能像我那样吸住重量很轻的空气，因此月球上是没有空气的。我比你们大，又比你们重，所以我紧紧拉住你们，你们才不会飞到天上去。"

听完地球爷爷说的话，小猴和小熊高高兴兴地回家了。

科学常识篇

水滴为什么能穿石

"滴答！滴答！"水滴顺着屋檐的瓦槽一滴一滴落下来，滴到一块坚硬的石板身上。

石板仰起头来问水滴："你要干什么？"

"在你的下面是一条地下河，我要投入地下河的怀抱，奔向大海，请让让路吧！"水滴回答说。

石板一听不禁冷笑一声："什么，你要我让开？"

"是的。"水滴坚定地说。

"我一生出来就在这里，休想要我让开。"

"你不让开，我就只能在你身上穿一个洞通过了。"

"什么？"石板以为自己听错了。

"你是在开玩笑吧！"石板万万没有料到水滴有这么一个奇怪的想法，"你看看，我的身体像钢铁一样坚硬，就凭你眼泪似的一滴一滴落下来，就能在我身上滴穿一个洞吗？"

"我这一滴一滴的力量虽然很微小，但我坚信，总有一天会达到我的目的的。"水滴十分自信地说。

"别在这里枉费心机了，这是绝对办不到的。"石板讲完，板起冷冰冰的面孔，不再理睬水滴。

从此，只要天下雨，水滴就顺着屋檐滴到石板身上。慢慢的，石板觉得水滴到的地方竟然凹了下去。这时，石板感到了一阵疼痛。

原来这块石板是块石灰岩，雨水中含有二氧化碳，石灰岩特别容易被二氧化碳溶解，石板被雨水长期滴着，不断被溶解，久而久之，当然就被雨水滴穿了。水滴就沿着石板身上的这个洞，钻进了地下河，又沿着地下河，哗哗地唱着歌直奔大海。

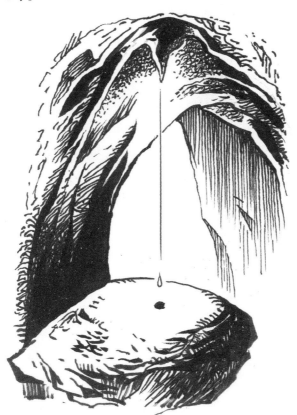

原来是同胞姐妹

"看你周身黑乎乎、软塌塌的，好像没有骨头一样，真讨厌。"金刚石对石墨说，"你看我，玻璃商店的工人用镶着我的刀来割玻璃；钻探机的钻头镶上我，能大大加快向地下进军的速度；用我制成的刀具，还可以用来加工最硬的金属；更重要的是，我还是名贵的装饰品，人们把我做成钻戒、项链戴在手上、颈上，甚至镶嵌在皇冠上。"

石墨很谦卑地说："是的，讲硬度、讲作用我是不能与你相比的，你是天生的硬骨头嘛，周身闪闪发亮，漂亮极了。不过，听人们说，我们是……是……同胞姐妹呢。"

"呸，这简直是天大的污蔑，你怎么配同我做姐妹呢，你的脸皮真厚。"

石墨被奚落了一顿，只好离开了金刚石。它找到了一位科学家："科学家，人们说我同金刚石是同胞姐妹，这是真的吗？"

科学家看着石墨，点点头说："这是真的，你们都是纯碳。"

"那我同金刚石从外表到用途为什么有那么大的差别呢？"石墨疑惑地问。

"这是由于你们的分子结构不同。在你的身体里，碳原子是层状排列的，每层原子之间的结合力很小，就像一副堆叠起来的扑克牌一样，很容易滑动、散开来。"科学家耐心地回答，"而金刚石的碳原子却是交错整齐地排列成立体结构，每个碳原子都紧密地与其他四个碳原子直接连接，组成一个牢固的结晶体，因而特别坚硬。"

"那我能够变成金刚石吗？"石墨激动地问。

"当然可以，现在我就来满足你的愿望。"科学家把石墨放进一种仪器里，使石墨受5万至10万个大气压和1100℃至3000℃的高温。石墨经受了巨大的痛苦，在压力和高温中改变了自己的身体结构，终于变成了一颗金刚石。

后来，它又与金刚石见面了。

"好妹妹，你从哪儿来呀？"金刚石跑过来握着它的手亲热地说。

227

"我就是上次你瞧不起的石墨呀。"变成金刚石的石墨说，"现在你总算承认我们是姐妹了。"

不倒的不倒翁

积木看见它旁边的一个不倒翁从来不会跌倒，觉得很奇怪，便问道："不倒翁，你有什么法宝能使自己总不跌倒呢？"

不倒翁边摇摆着身子边回答说："我没有什么法宝。我不会跌倒的原因是工人叔叔制造我时，把我身体的下部做得很重，底面做成圆圆的，而且上小下大，所以不管你怎么推我，我都会摆回到原来的位置上。"

积木听了点点头说："我懂啦。小朋友拿我来做游戏时，如果下面放大块的，上面放小块的，搭得很高也不会倒；相反，如果下面放小块的，上面放大块的，就很容易倒了。"

"对啦，道理是差不多的。"不倒翁赞同地说。

这时，不倒翁看见一个小孩朝它走来，一不小心踩到地面上的积木，摔了一跤。

不倒翁有点幸灾乐祸地说："你太可怜了，这么容易就跌倒了。你看我，哪怕摇来摆去，也永远不会跌倒。"

小孩从地上爬起来，朝不倒翁做了个鬼脸，理直气壮地说："我才不需要你的可怜。因为我还小，头重脚轻，一不小心就容易跌倒。但是我在不断地进步，当我长大以后，就不容易跌倒了。真正可怜的是你，因为你不会进步，没有我的摇动，你连摇摆都做不到。"

不倒翁听了小孩的话，十分不好意思，只能眼巴巴地望着小孩，期待着他来摇动自己。

烟花的觉悟

节日的夜晚，烟花腾空而起，在夜空中绽放出五彩缤纷的花来。烟花不禁有点飘飘然起来，觉得自己是个具有特异功能的天才。

这时，藏身在火药里的硝酸锶告诉烟花说："是我的燃烧，使你发出红色的光。"

藏身在火药里的氯化钙告诉烟花说："是我的燃烧，使你发出橘黄色的光。"

藏身在火药里的氯化铜也告诉烟花说："是我的燃烧，使你发出绿色的光。"

烟花这才懂得，如果离开了大家的帮助，自己不过是一颗普通的冲天爆竹，是绝不会开出绚丽多彩的花来的。

钟上的争论

钟"嘀嗒嘀嗒"地响着，秒针、分针、时针边走边聊天。

又细又长的秒针总是觉得自己很了不起，它夸口说："我的本事可不小，因为我走得最快，我60秒就能走一圈，也就是1分钟。"

比秒针粗一些短一些的分针不以为然地对秒针说："你走得快有什么了不起，我走一圈就是1个小时，就是60分钟。"

最粗最短的时针看了秒针和分针一眼，说："我走一圈就是12个小时，你们能比我的本事大吗？"

这时，钟说话了："好了，别自夸啦，你们都是我的一部分，各有各的长处。人们得从你们指的位置才能看出时间是几时几分几秒，当然先看时针，再看分针，最后看秒针啰。"

皮球和铁球

小猴和小熊是一对好朋友，他们经常在一起玩。小猴爱动脑筋，遇到什么事情都要细细琢磨一番。小熊刚好相反，遇到什么事情都是大大咧咧的，不爱动脑筋。

有一天，小猴和小熊在草坪上玩皮球，皮球在草地上滚呀滚呀，突然滚到一个小洞里，小熊吓了一跳，傻乎乎地不知道怎么办才好。小猴想了一会儿，不慌不忙地打来一桶水灌进去，小洞灌满水后，皮球就浮上来了。

过了几天，小熊又到这片草坪上玩铁球，铁球滚呀滚呀，又滚进那个小洞里。小熊连忙打来一桶水，灌进小洞里，小洞灌满水了，但就是不见铁球浮上来。

小熊在小洞边转来转去，急得直拍屁股，最后只好跑去找小猴，把情况告诉它，然后很纳闷地问："这次为什么球不浮上来呢？"

小猴想了一会儿回答说："皮球和铁球虽然差不多一般大，但是皮球是空心的，装满了空气，空气的密度小于水的密度，所以能浮上水面；铁球的密度大于水的密度，当然就浮不上来了。"

"哦，原来是这样。"小熊这才恍然大悟，"那这下该怎么办呢？"

小猴扛了一把锄头来到草坪上，对着小洞口用力挖起来，它一锄一锄地用力挖呀挖呀，终于把铁球挖了出来。小熊把铁球抱在怀里，高兴地嚷道："小猴真能干！"

钢筋是条硬汉子

水泥厂里生产出来一袋一袋的水泥，源源不断地送出厂，它们要为祖国建设事业做贡献。钢铁厂里生产出来一批一批的钢筋，源源不断地送出厂，它们也要为祖国建设事业做贡献。水泥和钢筋被送到同一个建筑工地，它们彼此友好地交谈起来。

"钢筋哥哥，你知道吗？我有个怪脾气，用多大的力气压我，我都不怕，就怕拉，只要轻轻一拉，我就会断裂。"水泥告诉钢筋。

"水泥弟弟，我也有个怪脾气，无论怎么拉我，我都不怕，就是经不住压，同你刚好相反。"钢筋也诚恳地说。

"如果我们俩结合在一起，互相取长补短，不就成为不怕拉也不怕压的英雄好汉了嘛！"水泥突然醒悟了。

"的确是这样，为了我们共同的事业，让我们兄弟俩紧密地团结在一起吧！"钢筋向水泥提出。

"对呀，人们都说团结就是力量，对于我们来说，如果不团结起来，我们的用处连一堆散沙都不如呢！"水泥十分赞同，它们为想到一块而高兴。

"那就让我成为你身体的骨架好吗？"钢筋说。

"不行不行，这样一来，你就没有出头露面的机会了，这很不公平呀！"水泥感到不安。

　　"只要对祖国建设事业有利就行，何必考虑个人的得失。"钢筋非常乐意让水泥附在它上面，甘愿把自己藏在水泥的身体里面。

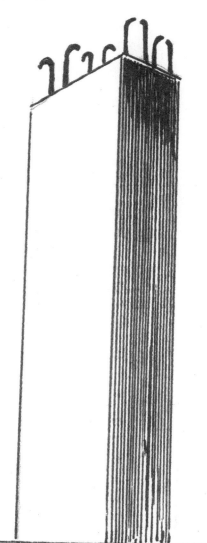

不久，一幢大厦在工地上建造成功了。

一天，有人来参观刚建成的大厦，他们都为大厦的坚固雄伟而赞叹："能够建成这么高的大厦真了不起啊！"

"爸爸，大厦是用什么建造的呀？"一个小男孩问拉着他的小手的父亲。

"用钢筋水泥呀。"爸爸回答说。

"那为什么只见水泥，钢筋在哪儿呢？"小男孩很好奇。

"小朋友，钢筋在我的身体里边。"水泥赶忙回答。它看了看自己的身体，是自己把钢筋给严严实实遮住了。"唉！这怎么行呢，我一定得让钢筋哥哥露出来。"水泥想着，用劲摇晃起身子来，可是刚摇了两下，就被钢筋拦住了。

"水泥弟弟，你不考虑我们共同的事业了吗？你再摇晃，后果就不堪设想了。"钢筋对水泥说。

"我要让大家看到，是你支持了我，而自己却默默地隐藏着。要知道是因为有了你这'主心骨'，我们才能建造起高耸入云的大厦。"

"不，不要这样说，你应当坚定地站稳，永远不动摇，这样大厦才能坚如磐石。虽然这样大家看不见我，但我还是非常高兴啊！"钢筋坦率地说。

水泥听了钢筋的话，心里感动极了，它更加敬仰钢筋甘当无名英雄、无私奉献自己的高尚品格。它们更加亲密无间地团结起来，为祖国建设事业做贡献。

水和火的故事

火是个热情好客的小伙子，它性格开朗，跟谁都能交朋友。但是如果它发起脾气来，也会席卷森林、村庄，给人们带来灾难。

一天，对谁都冷冰冰的水姑娘，跑来跟火交朋友，这可把火吓了一大跳："请你离我远一点，跟你亲近我总是没有好结果，因为你老是浇灭我，所以人们才说'水火不相容'。"

"谁存心浇灭你呀，我只是想从你身上获得力量，才跟你亲近的。"水十分委屈地说。

火皱着眉头听了水的话，认真想了一下，的确，每当它熊熊燃烧时，水一来就吸收大量的热，产生大量水蒸气，把它包围起来，使它和空气隔离，在缺氧的情况下，它才熄灭的。

"你还记得吗？有一次你把油燃烧起来，我来到你身边，就将油托在上面。那次你烧得格外痛快，可是，你却把我烤干了。"水又补充说。

火想，有什么办法能够让水火结合后既能发挥各自的特长又不互相伤害对方？于是，它们一起去找人类帮忙解决问题。

找呀，找呀，找过了许多的人，都没有找到好办法。后来它们找到了一位叫瓦特的英国发明家，他听了它们的诉说，答应给它们想办法解决。瓦特发现火把开水壶中的水烧开时，壶里不断冒出一股一股的水蒸气，水蒸气的力量很大，能把壶盖拱得向上跳动。他经过仔细观察和思考，认为可以利用这股力量来带动机器，于是反复进行把水装进锅炉内让火在下面燃烧的试验，终于发明了蒸汽机。蒸汽机让冷冰冰的水也慢慢变得热情起来，变成了一位大力士。

　　它来到火车头，使满载货物的火车奔跑；它来到大轮船上，使轮船破浪前进；它来到工厂，使机器的轮子飞转起来，上百人干的活，有它一个就够了。它还能打麦子、磨面粉，做许多工作。

　　水和火终于找到了相互结合的好办法，火从此不再无所事事地游荡，水也不再冷冰冰了，变得热情万分。它们共同生活，为人类的幸福生活做贡献。

241

谁的能量大

一大块煤和一丁点儿铀相会了。

煤对铀说："我能供给人类最强大的能源，他们将我从深深的地层里开采出来，运到大电站燃烧，也在火车头、轮船上燃烧，我将锅炉里的水烧得沸腾起来，通过蒸汽机推动机器，引发了一次工业革命。我还可以在严寒的冬天熊熊燃烧起来，供人类取暖。"

铀听了煤的话，笑着说："不久的将来，我一定会代替你为人类服务，而且会比你干得更好，因为我能发出比你更强大的能量。"

"你的能量能比得上我？不可能吧！"煤不相信。

"1000克铀能产生800万千瓦时电，而1000克煤只能产生3千瓦时电。1000克铀-235中的铀核完全裂变释放的能量，相当于2700吨标准煤完全燃烧产生的能量，一对比你就明白谁的能量大了。"铀耐心地对煤说。

"我看你小得可怜，怎么可能释放出这么惊人的能量呢？"煤怀疑铀在吹牛。

"我是自然界中能够找到的最重元素。我的原子核通过裂变，巨大的能量就能释放出来了。"铀补充说。

"你说的原子核裂变是怎么一回事呀？"

"科学家将我放进特别的原子锅炉里，拿原子核中的中子来冲击我的原子核，就会发生裂变反应。"铀越说越起劲，"还有另一种核反应，就是轻原子核氘和氚结合成较重的原子核（氦）时，也能产生巨大的能量，这种核反应称为聚变反应。"

煤认真听了铀的介绍，终于心服口服，感叹说："原子核的裂变和聚变实在太惊人了，你真是能量的大力士，是未来能源的希望之星。"

243

各种不同的镜子

　　小华到游乐场玩，他见到许多人走进一个房间后，过了一会儿都是哈哈大笑着走出来，觉得很奇怪，便也走进这个房间，看到里面放着几面哈哈镜。他站到一面哈哈镜前一照，发觉自己变得又矮又胖，乐得哈哈大笑起来。接着他又站到另一面哈哈镜前一照，发觉自己变得又瘦又长，又乐得哈哈大笑起来。

　　继续照下去，小华发现自己的身体变成了各种匪夷所思的怪模样。

　　"哈哈镜，请你告诉我，为什么你能把我变得怪模怪样的呢？"小华边笑边问道。

　　"由于我们被制造成身上凹凸不平的样子，当光线从我们身上反射出来时，照镜子的人看到的是不同折射的结果，这样照出来的样子就会扭曲变形。"哈哈镜回答说。

　　"汽车的驾驶室外面，都装有一面凸出来的小镜子，那也是给司机照着玩的小哈哈镜吗？"小华想起在每一辆汽车上都看到的那面镜子。

　　"那不是哈哈镜，"哈哈镜解释说，"那是一面凸面反射镜，叫后视镜。不管物体离后视镜是远是近，从镜里看到

的像总是缩小的正立像，这样，就能让司机看清楚车尾的情况。而且后视镜所能反映的景物范围比较宽，使司机能够准确地了解汽车所处的环境，保证行车安全。"

"那手电筒呢？为什么把小电珠放在凹面镜中间，那也是哈哈镜吗？"小华很好奇。

哈哈镜连忙回答说："当然不是。把小电珠放在凹面镜的中间，小电珠发出的光经过凹面镜反射，就会成为一束非常集中的光线，可以用来照明。探照灯的原理也一样，只是探照灯的光比手电筒强得多，所以比手电筒照得更远，甚至能照到几百米高的空中，还能给高射炮打飞机时作照明用。"

这时，最边上的一面平面镜看见不断涌来照哈哈镜的人们对着哈哈镜内各种不同的丑样哈哈大笑，不禁叹息道："人啊，自己的形象都被扭曲、变形了，还要哈哈大笑，真是太可悲了！"

小华听到后笑了，说："我照过哈哈镜，可我还是原来的样子呀，真被扭曲、变形的是哈哈镜呢！"

分子和原子

水分子对它身体内的一个氧原子和两个氢原子气愤地说："你们一直在我身体内，可直到最近两三百年科学家才发现你们的踪迹，你们不该对我隐瞒这个秘密。"

"水分子，不是我们有意隐瞒你，而是我们太渺小了，你看不见。"氧原子和氢原子连忙解释。

水分子追问道："你们究竟小到什么程度，害得我都看不见。"

"小到50万至100万个原子一个紧挨着一个排起长蛇队来，也只有人的一根头发直径那么大。"氧原子和氢原子形容说，"而且在我们身体内，还有电子、质子、介子、超子、光子等。我们也是最近才从科学家那儿知道的。"

水分子知道了氢原子和氧原子并非有意隐瞒它，这才消了气。

铁娃娃的心愿实现了

铁娃娃长得很结实，只是遇到了雨和水就会生病，长黄锈斑，病重的时候身上生了锈的肉还会整片整片脱落下来。它看见不锈钢不怕雨淋，也不怕水浸，周身总是闪着亮光，非常羡慕。

"唉！要是我也能像它这样就好了。"铁娃娃常常这样想。

有一次它鼓起勇气去问不锈钢："不锈钢大哥，你为什么不怕雨和水的侵蚀呢？"

不锈钢拉着铁娃娃的手，亲切地告诉它："小兄弟，让我讲个故事给你听，你就明白了。在第一次世界大战期间，那时打仗的武器很落后，就说步枪吧，多打几枪枪管就会发热、变形，再打就报废了。英国有位科学家，名叫亨利·布雷尔利，他就想在钢铁中加进些成分，使它变得坚固、耐磨一些。他做了许多次试验，都失败了。他每次失败了就把废钢铁扔进垃圾堆里，日子久了，废钢铁堆成了一大堆，风吹日晒雨淋使这些废钢铁生锈了，得清理掉。在清理中，他发现了一个奇迹，其中有一块钢铁没有生锈……"

"这与你有什么关系？"铁娃娃还是不明白，忍不住插

嘴道。

"当然有关系，你听我慢慢说。他为了把这块钢铁不生锈的原因弄清楚，于是拼命翻查资料，要查出这块不生锈的钢铁是什么时候做的试验，里面掺进了什么金属……"

"查到了吗？"铁娃娃心急地问。

"查到了，原来做试验时，他在钢里掺进了一种硬度很大的金属，叫作铬。他再做了一次试验，果然，得到了比较耐磨、不会生锈的合金钢，还给它起个名字叫'不锈钢'，就是我。"

"原来就这么简单，你是从垃圾堆捡来的。"铁娃娃听完故事后，感到有点失望。

"小兄弟，我是从哪里来的并不重要，重要的是你想像我一样不生锈对吗？这并不难，可是你得下决心啊，要使自己的身体发生本质的变化，就得增加一些新的东西，如与铬或镍结合。此外，还得勇敢地投入熔炉中锻炼。"

铁娃娃不怕困难，也不畏痛苦地按照不锈钢指点的办法去做。它盼望的那一天终于到来了，它从炼钢炉里跳出来后，发现自己果然变成了一个永不生锈的不锈钢娃娃。

路灯和霓虹灯

天黑了，一盏盏路灯眼都不眨地坚定地站在路边，默默地放射出光芒，照亮它们下面的一大片路面，一直到曙光来接班，它们才休息。路灯一点也不计较人们是否看见它们，总是默默地放射出光芒，给行人照亮方向，踏着它们的光芒前进，尤其是风雨交加的漆黑夜晚，人们更加需要路灯。

天黑了，马路两旁的高楼上，商店的橱窗里，好多好多霓虹灯出来做游戏，它们一会儿穿着红裙子，一会儿换件绿绸衫，一会儿披上黄衣裳；一会儿变幻成各种各样动物和人的形象，一会儿变幻成植物和花朵的形象，一会儿变幻成不同色彩的文字。特别是那块霓虹灯广告牌，不时变幻着一幅幅迷人的图案，好看极了。

一盏路灯看着五光十色的霓虹灯，忍不住轻声赞扬："电呀，你真伟大，给人们带来光明和美丽。"

这句话传到了霓虹灯广告牌的耳朵里，它不高兴了，大声嚷道："路灯，你搞错了，真正伟大的是我，给人们带来光明和美丽的也是我。"

"唔，是呀是呀，这里面有你一份功劳。"路灯不想同它争辩，敷衍地说。

"不，完全是我，完全归功于我。"霓虹灯广告牌得理

不让人。

"只看到自己的成绩，看不到别人的成绩是不对的。带来光明的，有你，也有电，还有许多别的朋友嘛。"路灯耐心地想说服它。

"那为什么人们总是说'好美丽的霓虹灯'，而不说'好美丽的路灯''好美丽的电'呢？"霓虹灯广告牌不肯罢休，"我就是不简单，我就是特别高贵。"

"算了吧，你只不过是一些装上电源的玻璃管，然后充入一种或两种气体便制成了，本来就谈不上什么复杂和高贵。"路灯也有些生气地说。

"那我为什么能放射出七彩的光芒呢？"霓虹灯广告牌并不服输。

"这太简单了！在灯管里充入氖气，就会发出橙红的光；充入氖气和水银的混合气体，就会发出绿色的光；充入氖气和氩气的混合气体，就会发出蓝色的光；充入氮气，就会发出金黄色的光……"路灯不得不揭穿它的"老底"。

"你像个呆木鸡站在路边，既平凡又普通，你懂什么，电又算什么东西……"霓虹灯广告牌恼羞成怒，正当它破口大骂时，突然打了个冷战，浑身感到一阵冰凉，它身上五颜六色的光彩突然消失了。原来，夜深了，它的电源开关被关掉了。

只有路灯仍然坚定地站在马路边，默默地放射出光芒，就像守卫的哨兵。

保温杯的觉悟

有个小孩进房间，往桌子上的茶杯和保温杯里都盛满开水，然后出去了。茶杯里的开水冒着热气，不一会儿就变凉了。保温杯把这一切看在眼里，不禁洋洋得意起来。

"茶杯，开水装在我肚子里面，很久后还是热腾腾的，可是装在你里面一会儿就变凉了，你知道是为什么吗？"保温杯故意问道。

"我不知道。"茶杯老实回答说。

"我看你头脑太简单了，就只是一个普通的杯子。我就不同啦，我是用两层玻璃制成的，中间是真空的。"

"真空是什么意思？"茶杯问。

"所以我说你头脑简单，连真空都不懂。真空就是把两层玻璃间的空气抽出来，所以不容易传热，装在我肚子里的开水才不容易变凉。"保温杯更瞧不起茶杯了。

"你还有什么与众不同的地方呀？"茶杯干脆让它说个够。

"在我的双层玻璃中间，还涂有光闪闪的一层银，它能把我肚子里想外逃的热反射回来，这就更不容易传热了。"

"还有更特别的吗？"茶杯继续追问。

"我有这么多特别的地方，足够了。"保温杯得意地回答。

这时小孩转回房间，先拿起保温杯打开，发现水还太烫，就放下了，再拿起茶杯把凉开水"咕嘟咕嘟"地喝完了。

保温杯这才发觉，茶杯也是有它的用处的，于是脸"刷"的红了。

冰为什么浮在水面上

冬天到了，天气越来越冷，小河面上结了一层冰。

"你怎么老是浮在我上面，不让我露脸，你自己却在上面出风头。"冰下面的水很不高兴。

冰为了避免误会，只得解释说："不是我故意浮在你上面，这是大自然造成的。"

"就是你造成的吧？"水很固执。

"不，这是自然的规律，因为绝大多数物体都是热胀冷缩的，热胀时密度变小，身体变轻；冷缩时密度变大，身体变重。"冰解释说，"可是，你却与众不同，你在4℃时，密度最大，身体最重；超过或低于4℃时，你的密度就逐步变小，身体逐渐变轻……"

"哦，难怪在4℃时，我感觉身体内的水分子互相结合得最紧密，原来那个时候我的密度最大；超过或低于4℃时，我感觉身体内的水分子就会松散，原来是密度逐步变小。"

"嗯，我在0℃结冰时，比同体积的你密度要小一些，身体也轻一些，所以就会浮在你上面。因此在寒冷的冬天，总是水面上先结冰。"冰说得有根有据的。

水突然想起说："在你的下面，鱼和虾照样游动生存，是我在保护着它们。如果你也同别的物体一样，也是热胀冷缩的话，就会不断下沉，到最后连河底都冻结起来，就会把鱼虾冻死。"

"对，你讲得对。"冰高兴地说。

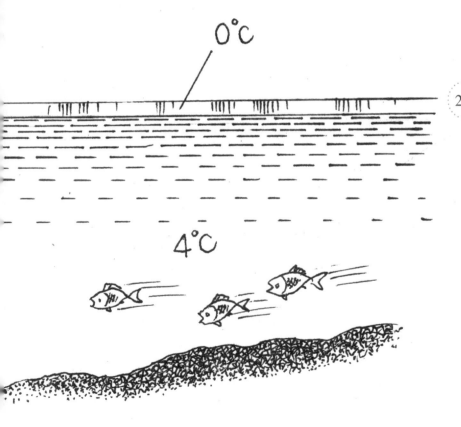

羊毛不都出在羊身上

一只羊听人说，附近一家工厂用聚丙烯腈做原料，生产出羊毛衣、羊毛毯等羊毛织物，开始它不相信，后来听得多了，它决定偷偷跑进工厂去看看。

它在原料车间看见一桶一桶的聚丙烯腈，就问："听说你能代替羊毛？"

聚丙烯腈回答说："是的，我们是科学家经过长期研究，制造出来代替你们的，科学家把我们制造成纤维，再合成人造羊毛。目前全球聚丙烯腈年产量已达到几百万吨，相当于你们几亿只羊一年的产毛量。"

"那质量能比得上从我们身上取的羊毛吗？"羊疑惑地问。

"我们质地蓬松，具有毛型感，比你们身上的羊毛更轻盈保暖；还具有耐候性、耐晒性强的优点，比你们的羊毛制成品更经久耐用。"聚丙烯腈又回答说，"不信你可以到成品车间去看看。"

这只羊转完了工厂的所有车间，尤其在成品车间看见那些质地柔软、容易卷曲、保暖性好、重量轻又能大批生产的用聚丙烯腈做原料制成的五颜六色的人造羊毛产品以后，它终于完全相信了羊毛并不都出在羊身上。

蚕吐丝和人造丝

养蚕姑娘对快要吐丝的蚕宝宝说："蚕宝宝呀，你们现在比起机器蚕来，大大落后了。"

一条蚕宝宝听到养蚕姑娘这么说就很不服气，它马上问道："我们怎么落后了？"

养蚕姑娘回答："就像你，吐的丝只能做成一个茧，能抽出0.5克蚕丝，可是人造丝工厂的机器蚕，不用喂它们吃桑叶，只要把木材、短棉绒、芦苇等的纤维素提取出来，再用烧碱溶液和二硫化碳处理成黏稠的液体，通过压力把黏液从用金和铂的合金做成的、大约一枚一分硬币大的、上有成千上万个细孔的喷丝头压出来，就可以得到人造丝。"

蚕宝宝很惊奇，追问道："它喷出的丝比我吐的丝多吗？"

"一只机器蚕一分钟就可以拉出上万根近500米长的丝。"养蚕姑娘说，"1立方米的木材可以加工成160千克人造丝，用这些人造丝可以织成1500米的布料，相当于32万条蚕宝宝吐的丝。"

"虽然造出来的人造丝很多，但是能比我们吐的蚕丝好吗？"蚕宝宝还是很不服气。

　　"人造丝制成的丝织品同你们吐的蚕丝制成的丝织品一样光滑、耀眼、耐用，还有个不一样的优点，即没有虫蛀蚀。"

　　蚕宝宝们听完养蚕姑娘的话后，情绪很低落。养蚕姑娘安慰它们说："别伤心，你们对人类的贡献还是很大的，其实科学家制造机器蚕吐丝，还是受到你们吐丝启发的结果。"

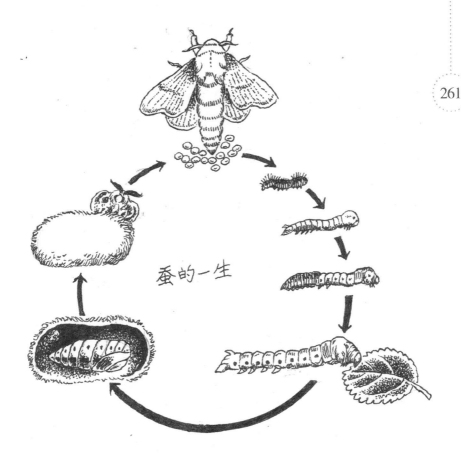

蚕的一生

细菌的申诉

"肃静！肃静！"在微生物界的法庭上，显微镜法官敲响了法槌。这是一场特别的官司，一名6岁的小男孩将细菌家族告上了法庭。虚弱的小男孩控诉细菌家族害他拉了好几天肚子，要求细菌家族赔礼道歉。益生菌作为被告辩护律师出庭为细菌家族辩护。

"请问是什么原因导致你拉肚子的？"益生菌认真地发问。

"就是因为你们这些细菌我才拉肚子的。"小男孩愤怒地回应。

益生菌继续问："那么，你怎么确定是细菌让你拉肚子的呢？"

小男孩回答："因为我吃东西没洗手，妈妈说，就是手上的细菌害我拉肚子的。"

益生菌详细地追问着："嗯！那你知道是什么细菌导致你拉肚子的吗？"

"我不管，就是你们这些可恶的细菌，就是你们！"小男儿突然哭闹了起来，拒绝回答益生菌的问题。

这时候，显微镜法官又敲响了法槌："原告，请你注意法庭纪律。请被告细菌家族陈述。"

　　"法官您好，我是益生菌，今天由我担任细菌家族的辩护人。我先向大家介绍一下细菌家族。我们细菌是生物的主要类群之一，属于细菌域，也是所有生物中数量最多的一类。细菌无处不在，人类的生活中处处都有细菌。的确，细菌是许多疾病的病原体……"

　　"是吧，你承认了吧，你们细菌真的是太坏了！"小男孩疼得捂着肚子大声嚷嚷。显微镜法官不得不再次敲响法槌维持法庭秩序："肃静！肃静！"

　　益生菌这才继续开始陈述："俗话说'病从口入'，一双未洗的手，其皮肤、指甲沟和指甲边缘可能藏有几十万甚至几百万个细菌。这些细菌种类非常多，很多都能引起肠道感染。但是，并不是所有的细菌都是有害菌。所以你要控告的应该是害你拉肚子的有害细菌，不能把其他有益菌也当作被告啊。"

　　小男孩撇撇嘴说："哼！我可不信，你们细菌还能有好的？！"

　　"你有所不知，有许多细菌不仅不害人，还能帮助人、救人呢。比如：青霉菌，用它制造出来的抗生素，不知道救了多少人的性命；酵母菌，人类能吃到蓬松可口的面包，可少不了它；曲霉菌，它在工业上发挥了很大作用，是制造酱和酱油的好帮手；青虫菌，可以杀死农林害虫，防止农业虫害；……"益生菌很严肃地说，"还有我益生菌，我不但可

以治疗腹泻，还能促进消化。"

这时候，显微镜法官说话了："原告，你是否还要坚持控告细菌家族？"

小男孩脸红了："我不应该这样一杆子打倒所有的细菌，其实也是有好细菌的。我以后再也不敢饭前不洗手了。"

益生菌笑了："希望人类能分清敌友，养成健康的生活习惯，这样有害的细菌就不会影响人类的正常生活了。同时也希望人类能善待我们有益菌，我们是很乐意为人类做贡献的。"

就这样，小男孩与细菌家族达成了和解。

香烟和蜡烛

桌上一支点燃的香烟对一支燃烧的蜡烛诉苦："为了满足人的需要，我也献出了生命，可是为什么从来没有诗人、作家写作品歌颂我，而对你却赞颂不绝？"

蜡烛笑着说："我燃烧自己是为光明献身，你燃烧自己却是给人带来疾病和不幸。你所含的尼古丁是一种有毒的物质，据说一只兔子只要注射一支香烟所含的尼古丁量就会中毒死亡。人吸烟过量可致心血管损害，引起呼吸道黏膜炎症，还可能诱发肺癌等疾病。世界上为你所害的人不知道有多少，他们因为长期吸食你而引发疾病，损害健康，甚至缩短生命。诗人、作家怎么会歌颂你呢？"

"你还有一种可怕的作用呢。"蜡烛继续说。

"什么？我还有可怕的作用，你在吓唬我吧！"香烟不服气地说。

"那就是人吸食你以后会上瘾，不容易戒掉。"

"这样啊，以前我还一直以为是我有魅力，人碰上了就离不开我呢！"

"现在明白你对人造成的危害有多大了吧！"

香烟羞愧地沉默了。

小草和龙卷风

夏天，一股猛烈的龙卷风在大地上不停地旋转着，凡是它经过的地方，大树被连根拔起，人、畜、物都被卷到空中去。快要到达一片草地时，它大声呵斥："你们这些轻飘飘的小不点，快滚开吧，如果原地不动，我就把你们卷到天上去。"

"你是谁？这么横行霸道！"小草们气愤地问道。

"我是大名鼎鼎的龙卷风。我可厉害了，是由强烈扩展的雷雨云形成的，当地面的热气迅速上升，冲进雷雨云里，而雷雨云温度很低，冷空气迅速下降，这种强烈的冷热对流在雷雨云中激起许多小旋涡，如果地面上强烈的热气流不断上升，冲击雷雨云，小旋涡的速度和范围不断扩大，我就出现了。"

"那你也不该来打扰我们！"小草们很倔强。

"我一定要征服你们！"龙卷风发怒了，向着草地猛冲过去，弄得飞沙走石，风声震耳欲聋。

小草们并不害怕，它们弯下身子，紧贴地面，手挽着手，紧密团结在一起。龙卷风一扫而过，小草们岿然不动。

有声读物主创人员名单

顾　　问：农文凯
编　　剧：蒙　瑾　后　来
监　　制：蒙　瑾　李　赢
副 监 制：唐利丽　李永莉　李嘉雨
后期制作：蒙威名　李　营
配音导演：李永恒　黄欧阳
配音指导：陈文静　莫梦迪　蒙　瑾
封底设计：萌SHOW美术工作室

有声读物出品单位

广西科学技术出版社有限公司
广西如何文化传播有限公司

有声读物联合制作

《萌SHOW天下》栏目组

有声读物配音小演员名单

植物篇

《一棵向日葵》　　　　　向日葵：农曾依婧
《枫叶的真心话》　　　　枫叶：甘航羽
《坚强的冬小麦》　　　　雪花：覃海乔
《大树的梦》　　　　　　大树：何璨禧
《晚上开的花儿》　　　　夜来香：潘思羽
《开花结果》　　　　　　南瓜花：陈镜羽

动物篇

《小花猫剪胡子》	小花猫：廖一蒨
《鱼也能离开水》	禾花鱼：陈晓彤
《山雀交朋友》	小山雀：梁宝淇
《小鲫鱼变形记》	小鲫鱼：李晓甜
《动物气象员》	小燕子：苏巧诺
《螃蟹为什么横行》	小螃蟹：黄利敏

生理知识篇

《眉毛的功能》	头发：刘珺瑶
《口腔内的争吵》	舌头：欧宇轩
《人的肤色为什么不同》	麻雀：张楚睿
《阳光的礼物》	小轩：欧宇轩
《人老头发为何变白》	小硕：吴祉硕
《人体的身份证》	手指：石智贤

天文地理篇

《黄河水为何是黄色的》	黄河：马悦喆
《骄傲的北极星》	北极星：关小琪
《沙漠中的海市蜃楼》	旅行者：梁紫琪
《地球的年龄有多大》	小林：黄海林
	同学：覃俊豪
《火山的功和过》	大地：覃紫涵
《拉住一切的手》	小猴哈里：韦茗涵

科学知识篇

《原来是同胞姐妹》	金刚石：周思梦
《不倒的不倒翁》	不倒翁：林其臻
《皮球和铁球》	阿萌羊：舒子皓
《水和火的故事》	火：何宇帆
《保温杯的觉悟》	保温杯：吴秋琳
《细菌的申诉》	益生菌：黄茵